Karl-Hans Seyler

Arbeitslehre
Quiz
9. Jahrgangsstufe

auf chlorfreiem Papier

ISBN 3-89291-549-0

Inhaltsübersicht:

1. Die Arbeitswelt hat viele Gesichter
• Menschen bei der Arbeit • Erkunde einen Arbeitsplatz auf eigene Faust • Vordruck Arbeitsplatzerkundung • Nicht für jede Arbeit gibt's auch Geld! • Berufe kannst du ordnen • Ordne nach den drei Wirtschaftsbereichen • Die drei Wirtschaftsbereiche konkret • Ordne nach Tätigkeitsbereichen • Zusatzmaterial: Menschen bei der Arbeit • Zusatzmaterial: Wirtschaftsbereiche und Tätigkeiten

2. Arbeiten und Wirtschaften im privaten Haushalt
• Ein Full-Time-Job • Der Haushalt -Arbeitsfeld für Allround-Genies • Was ist Haushaltsarbeit wert? • Technik - ein Segen für den Haushalt • Die Küche vor 150 Jahren - ein Puzzle • Einkommen und Ausgaben 1. Einkommnensquellen 2. Ausgaben für den privaten Gebrauch 3. Mit dem Haushaltseinkommen auskommen • Einkommenshöhe - wer verdient was? • Dein zukünftiger Lehrlingsverdienst • Lebensstandard und Schulden: Ohne Moos nix los? • Ein Haushaltsbuch führen • Führe dein eigenes Haushaltsbuch! • Vordruck Haushaltsbuch • Sparen durch Umweltbewusstsein im Haushalt? • 10 Tipps zum Energiesparen • Wo jeder umweltgerecht sparen kann • Dein Taschengeld ist Wirtschaftsfaktor • Einnahmen und Ausgaben planen • Erstelle deinen eigenen Plan! • Geld in deiner Hand - was sagt das Gesetz dazu? • Urteile selbst! • Der Markt als Treffpunkt, • Hier können Märkte entstehen • Vorsicht Falle! • Erkunde einen Markt! • Zusatzmaterial: Einkommen • Zusatzmaterial: Haushalt • Zusatzmaterial: Einkaufen für den privaten Haushalt

3. Grundlagen der Berufsorientierung
• Dein Weg • Plane dein Leben in einer Zukunftswerkstatt • Dein eigener Zukunftsplan • Jede Menge Infos zur Berufswahl • Das BLZ - deine Informationszentrale • Bei der Berufswahl alle wichtigen Punkte berücksichtigen • Auf was es eigentlich ankommt! • Welche Erwartungen habe ich an meinen Wunschberuf ? • Schätze deine beruflichen Interessen ein • Was die Wirtschaft von dir erwartet • Eigene Fähigkeiten und Anforderungen im Vergleich • Zeichne dein eigenes Profil • Den Stellenmarkt in der Region beobachten • Meine Collage zum Stellenmarkt in der Region • Mobil sein, um sich an den Arbeitsmarkt anzupassen • Zusatzmaterial: Ausbildungsstellen • Zusatzmaterial: Anforderungen und Qualifikationen • Zusatzmaterial: Arbeitslosigkeit

4. Arbeiten und Wirtschaften für einen Markt in der Schule
• Projekt: Ein Markt in unserer Schule

Arbeitslehre 7
Nr. 677 *134 Seiten* € 19,50

Inhaltsübersicht:

1. Die Betriebserkundung
• Informationen zum Betrieb beschafften
• Fragen für die Betriebserkundung
• Vorbereitung im Rollenspiel
• Gezielt beobachten
• Interviewen wie ein Profi
• Ergebnisse protokollieren
• Arbeitsabläufe dokumentieren
• Gemeinsam planen
• Aufgaben verteilen
• Ergebnisse zusammenfassen
• Ergebnisse präsentieren

2. Arbeiten und wirtschaften für einen Markt im Schulumfeld
• Projekt: Das Schulfest an unserer Schule

3. Die persönliche Berufsorientierung
• Mit der Berufsberatung zusammenarbeiten
• Berufskundliche Informationen
• Erkundung des BIZ
• Anforderungsprofile vergleichen und auswerten
• Mein persönliches Qualifikationsprofil
• Ein Berufsberatungsgespräch vorbereiten
• Besuch in der Berufsinformationsveranstaltung
• Mit den Betrieben zusammenarbeiten
• Ein Gespräch mit Ausbildern und Azubis vorbereiten
• Das Betriebspraktikum vorbereiten
• Angebote für Praktikumsplätze
• Einen Praktikumsplatz suchen
• Sich im Betrieb vorstellen
• Sich über die Arbeitsbedingungen informieren
• Tätigwerden im Praktikum
• Arbeitsplatzanalyse
• Technische Abläufe beobachten
• Berufliche Möglichkeiten abwägen
• Das Praktikum dokumentieren
• Kritische Überprüfung und Kontrolle der Berufswahl
• Das Betriebspraktikum intensiv vorbereiten
• Berufsentscheidungen vorbereiten
• Ausbildungsstellen in der Region
• Berufs- und Lebensplanung
• Zukunftswerkstatt
• Bewerbungen schreiben und gestalten
• Ein Vorstellungsgespräch vorbereiten
• Das Vorstellungsgespräch im Rollenspiel üben
• Wo stehe ich im Berufswahlprozess?
• Meine Berufswünsche der letzten zwei Jahre
• Meine jetzige Situation
• Typische Mädchen- und Jungenberufe?!

4. Arbeit und Entgeld
• Lohn, Gehalt und Abgaben
• Wirkfaktoren der leistungsgerechten Entlohnung
• Lohnformen
• Die Lohn- und Gehaltsabrechnung
• Tarifvertragsparteien
• Tarifpartner und Tarifautonomie
• Tarifverhandlungen und Tarifvertrag
• Der Kampf um Arbeit
• Tarifverhandlungen - ein Planspiel

Arbeitslehre 8
Nr. 678 *134 Seiten* € 19,50

Inhaltsübersicht:

• **Berufe ordnen**
Informationsblätter/ Arbeitsblätter (2) mit Lösungen: Die 12 Tätigkeitsbereiche
Arbeitsblatt mit Lösung: Die 13 Berufsfelder
• **Berufsbereiche - näher betrachtet**
Arbeitsblatt mit Lösung
Berufsbereiche im Bild
Informationsblatt: Erweiterte Einteilung in Berufsfelder/ Berufsbereiche
Arbeitsblatt mit Lösung: Mein Wunschberuf
• **Hauptschule - und danach?**
Arbeitsblatt mit Lösung
Informationsblätter: Das freiwillige soziale Jahr
Arbeitsblatt mit Lösung: Das Berufsgrundschuljahr
• **Lebenslauf, Bewerbung und Vorstellungsgespräch**
Informationsblätter
• **Der Berufsausbildungsvertrag**
Informationsblätter: Muster, Bestimmungen
Arbeitsblatt mit Lösung: Welche Dinge regelt der Berufsausbildungsvertrag?
Arbeitsblätter mit Lösungen: Pflichten des Ausbildernden/Pflichten des Auszubildenden
• **Das Jugendarbeitsschutzgesetz**
Informationsblätter, Arbeitsblätter mit Lösungen, Fälle
• **Berufliche Fort- und Weiterbildung**
Informationstexte, Arbeitsblatt mit Lösung
• **Der Wandel der Arbeitswelt**
Informationstexte, Arbeitsblätter (2) mit Lösungen
Arbeitsblätter mit Lösungen: Der Wandel der Arbeitswelt in Schlagwörtern
• **Arbeit und Arbeitsmarkt**
Arbeitsblatt mit Lösung: Problemgruppen auf dem Arbeitsmarkt
Arbeitsblatt mit Lösung: Zukunft im Dienstleistungs- und Informationsbereich
Arbeitsblatt mit Lösung: Notwendigkeit der Arbeit
Arbeitsblatt mit Lösung: Mögliche Wirkungen von Arbeitslosigkeit
• **Betriebserkundung: Verwaltung**
Planungshilfe für die Betriebserkundung
Fragensammlung zur Betriebserkundung
• **Waren- und Dienstleistungstest - ein Projekt**
• **Geschichte des Geldes**
Informationstext/Arbeitsblatt mit Lösung
• **Aufgaben des Geldes**
Informationstext/Arbeitsblatt mit Lösung
• **Aufgaben von Geldinstituten**
Grafiken/Informationstexte/Arbeitsblatt mit Lösung
• **Abwicklung des Zahlungsverkehrs**
Informationstexte/Arbeitsblätter (3) mit Lösungen
Girokonto und Giroverkehr
Electronic cash - vorteilhaft? (Arbeitsblatt mit Lösung)
Die GeldKarte - die elektronische Geldbörse (Arbeitsblatt mit Lösung/ Informationstext)
Die Kreditkarte - bequem und gefährlich (Arbeitsblatt mit Lösung/ Informationsblatt)
• **Ausleihen von Geld**
Kredite - geliehenes Geld (Arbeitsblatt mit Lösung/Informationstext)
• **Ansammeln und Verwalten von Geld**
Informationstext
Sparen - sinnvoll und notwendig! (Arbeitsblatt mit Lösung)
Möglichkeiten der Geldanlage (Arbeitsblatt mit Lösung)
Informationstext (Anlageformen auf einen Blick)
Wie kann man sein Geld kostengünstig anlegen? (Arbeitsblatt mit Lösung)
• **Wir erkunden ein Geldinstitut**
Fragekatalog
Erkundungsaufträge in Gruppen
• **Börse und Aktien**
Informationstexte
Börse und Aktien (Arbeitsblatt mit Lösung)
• **Lernzielkontrolle**
Umgang mit Geld
• **Freie Berufswahl, Vollbeschäftigung und Arbeitslosigkeit**
Informationstext zur sozialen Marktwirtschaft
Freie Berufswahl in der sozialen Marktwirtschaft
Vollbeschäftigung und Arbeitslosigkeit in der sozialen Marktwirtschaft (1/2)
Das Wirtschaftsspiel mit Frage- und Aktionskarten
• **Soziale Sicherung**
Folie: Eine ganze Menge Versicherungen - Karikaturen
Die Sozialversicherungen - Arten und Leistungen
Zahlenbild: Entwicklungsstufen der Sozialversicherung
Zahlenbild: Träger der Sozialversicherung
Informationstext: Die Pflegeversicherung
Die soziale Sicherung - noch bezahlbar?
• **Wirtschaftliches Wachstum und Umweltschutz**
Informationsblatt: Die Beziehung zwischen Ökonomie und Ökologie
Informationsblatt: Umweltschutz und Wirtschaftswachstum
Wirtschaftswachstum und Umweltschutz - unvereinbar?
Informationsblätter: Umweltschutz - eine politische Herausforderung!

• **Preisstabilität und Inflation**
Informationsblatt: Der Geld- und Güterkreislauf
Der Geld- und Güterkreislauf
• **Lernzielkontrolle**
Merkmale und Problemfelder der sozialen Marktwirtschaft

Arbeitslehre 9
Nr. 679 *160 Seiten* € 21,50

Inhaltsübersicht:

1. Schritt: Effektive Gruppenarbeit
1. Methode: Das Problem mit dem Ei, 2. Methode: Bauen im Team, Reflexion
2. Schritt: Ideensammlung
Clustering, Brainstorming, Methode 523, Reizwortanalyse, Mind-Mapping nach Buzan, Die Osborn-Checkliste
3. Schritt: Projektarbeit
Ausrüstungspakete, Projekt: Markt in der Schule, Genaue Ausarbeitung aller Projektphasen!, Projekt: Totempfahl, Projekt: News-Tagebuch, Projekt: Tür bemalen, Projekt: Unsere Klasse, Projekt: Clubgründung, Projekt: Sport, Projekt: Stadtführer (für junge Leute), Projekt: Radioprogramm, Projekt: Spendenaktion, Projekt: Lese-Datenbank
4. Schritt: Präsentation
Flexible Präsentationswand, Zum guten Schluss: Die Hummel

Projektbuch 5-10
Nr. 620 *96 Seiten* € 16,50

Inhaltsübersicht:

Infos verarbeiten: Clustering, Fragelandschaft, Galeriebetrieb, Arbeitsblatt erstellen, Mindmapping, Kreuzworträtsel
Im Team arbeiten: Rätsel entwickeln, Zielfindungsmethode, Gruppenpuzzle, Frage-Antwort-Memory, Stamm-Expertengruppen-Gespräch, Jeopardy
Meinungen äußern: Thesenpapier erstellen, Schreibgespräch, Argumentieren im Innen-, Außenkreis, Argumentationsmodelle, Stehzirkel und Aquarium, Gesprächszirkel-Offene Rollenspiele, Argumentationsolympiade, Stimmungsbarometer und anschließendes Aquarium
Zusammenfassen und präsentieren: Vortragskarussell, „STEX": Stamm- und Expertengruppen, Referatstraining, Interview, Aussagen-Puzzle, Karussell-Gespräch, Freies Reden, Stegreifreden

Schlüsselqualifikationen trainieren 7.-10.
Nr. 540 *136 Seiten* € 19,90

Inhaltsverzeichnis

Arbeitslehre

Berufe ordnen (1)

① Silbenrätsel:
Du kannst Berufe unter fünf Aspekten ordnen. Du erhältst sie, wenn du die Silben unten richtig zusammensetzt. Den groß geschriebenen Anfangsbuchstaben musst du selber finden. Schreibe die Ordnungskriterien noch einmal auf.

le - ma - fel - tä - te - be - be - rei - der - ri - tig - vor - ma - aus - dung - wirt - al - rufs - che - schafts - und - bil - keits - merk

② Im Buchstabenpaket unten sind je zwei Beispiele zu den fünf Ordnungskriterien oben versteckt. Finde sie heraus und schreibe sie auf. Von zehn Begriffen musst du dreimal rückwärts lesen.

P	O	S	I	M	E	T	A	L	L	V	E
R	U	T	T	I	M	A	B	D	C	E	D
O	B	W	A	T	U	R	H	R	O	R	E
D	R	A	S	T	I	L	A	U	Q	W	R
U	R	N	A	L	T	Z	N	C	Z	A	O
K	I	E	I	E	S	S	D	K	S	L	W
T	O	T	O	R	M	M	E	T	U	T	U
I	R	L	F	E	K	J	L	E	M	E	K
O	U	A	X	R	V	B	A	C	S	N	I
N	A	T	E	E	O	H	R	H	R	W	Q
H	H	S	U	I	R	O	V	N	B	N	M
E	G	E	L	F	P	L	A	I	Z	O	S
Z	U	G	I	E	O	Z	P	K	W	A	S

③ Kreuze richtig an, wie viele Ausbildungsberufe es in Deutschland zur Zeit etwa gibt.

O 200
O 350
O 500
O 1000
O 2000

④ Welche Problematik ergibt sich, wenn man Ausbildungsberufe klassifizieren will?

O Viele Berufe passen nicht eindeutig zu einem Ordnungskriterium.
O Man weiß nicht, was man verdient.
O Es werden keine Aufstiegsmöglichkeiten genannt.
O Man weiß nicht, wo man arbeiten kann.
O Eine Ordnung nach dem Verdienst führt zu einem heillosen Durcheinander.

⑤ Was bedeutet das Sprichwort: „Es ist noch kein Meister vom Himmel gefallen“?

O Nur mit viel Geld kann man Meister werden.
O Nach einigen Gesellenjahren wird man automatisch Meister.
O Nur mit viel Fleiß und Können kann man Meister werden.
O Nur durch Beziehungen und Gottes Hilfe kann man Meister werden.

Lösung:

Berufe ordnen (1)

① Silbenrätsel:
Du kannst Berufe unter fünf Aspekten ordnen. Du erhältst sie, wenn du die Silben unten richtig zusammensetzt. Den groß geschriebenen Anfangsbuchstaben musst du selber finden. Schreibe die Ordnungskriterien noch einmal auf.

le - ma - fel - tä - te - be - be - rei - der - ri - tig - vor - ma - aus - dung - wirt - al - rufs - che - schafts - und - bil - keits - merk

Material; Wirtschaftsbereiche; Vor- und Ausbildung; Tätigkeitsmerkmale; Berufsfelder

② Im Buchstabenpaket unten sind je zwei Beispiele zu den fünf Ordnungskriterien oben versteckt. Finde sie heraus und schreibe sie auf. Von zehn Begriffen musst du dreimal rückwärts lesen.

P	O	S	I	M	E	T	A	L	L	V	E
R	U	T	T	I	M	A	B	D	C	E	D
O	B	W	A	T	U	R	H	R	O	R	E
D	R	A	S	T	I	L	A	U	Q	W	R
U	R	N	A	L	T	Z	N	C	Z	A	O
K	I	E	I	E	S	S	D	K	S	L	W
T	O	T	O	R	M	M	E	T	U	T	U
I	R	L	F	E	K	J	L	E	M	E	K
O	U	A	X	R	V	B	A	C	S	N	I
N	A	T	E	E	O	H	R	H	R	W	Q
H	H	S	U	I	R	O	V	N	B	N	M
E	G	E	L	F	P	L	A	I	Z	O	S
Z	U	G	I	E	O	Z	P	K	W	A	S

Holz
Metall
Produktrion
Handel
Mittlere Reife
Quali
verwalten
gestalten
Drucktechnik
Sozialpflege

③ Kreuze richtig an, wie viele Ausbildungsberufe es in Deutschland zur Zeit etwa gibt.

- O 200
- ● 350
- O 500
- O 1000
- O 2000

④ Welche Problematik ergibt sich, wenn man Ausbildungsberufe klassifizieren will?

- ● Viele Berufe passen nicht eindeutig zu einem Ordnungskriterium.
- O Man weiß nicht, was man verdient.
- O Es werden keine Aufstiegsmöglichkeiten genannt.
- O Man weiß nicht, wo man arbeiten kann.
- ● Eine Ordnung nach dem Verdienst führt zu einem heillosen Durcheinander.

⑤ Was bedeutet das Sprichwort: „Es ist noch kein Meister vom Himmel gefallen“?

- O Nur mit viel Geld kann man Meister werden.
- O Nach einigen Gesellenjahren wird man automatisch Meister.
- ● Nur mit viel Fleiß und Können kann man Meister werden.
- O Nur durch Beziehungen und Gottes Hilfe kann man Meister werden.

Arbeitslehre

Berufe ordnen (2)

① Ordne die Berufe aus der Grafik den passenden Tätigkeitsmerkmalen und Berufsfeldern zu.

Ausbildungsberufe	Tätigkeitsmerkmale	Berufsfelder
Maurer	______________	______________
Versicherungskaufmann	______________	______________
Gerüstbauer	______________	______________
Industriemechaniker	______________	______________
Energieelektroniker	______________	______________
Verwaltungsfachangestellter	______________	______________
Einzelhandelskaufmann	______________	______________
Bürokaufmann	______________	______________
Koch	______________	______________
Arzthelfer	______________	______________
Kfz-Mechaniker	______________	______________
Gärtner	______________	______________
Gas- und Wasserinstallateur	______________	______________
Maler	______________	______________
Tischler	______________	______________
Bäcker	______________	______________
Florist	______________	______________
Friseur	______________	______________

Lösung:

Berufe ordnen (2)

① Ordne die Berufe aus der Grafik den passenden Tätigkeitsmerkmalen und Berufsfeldern zu.

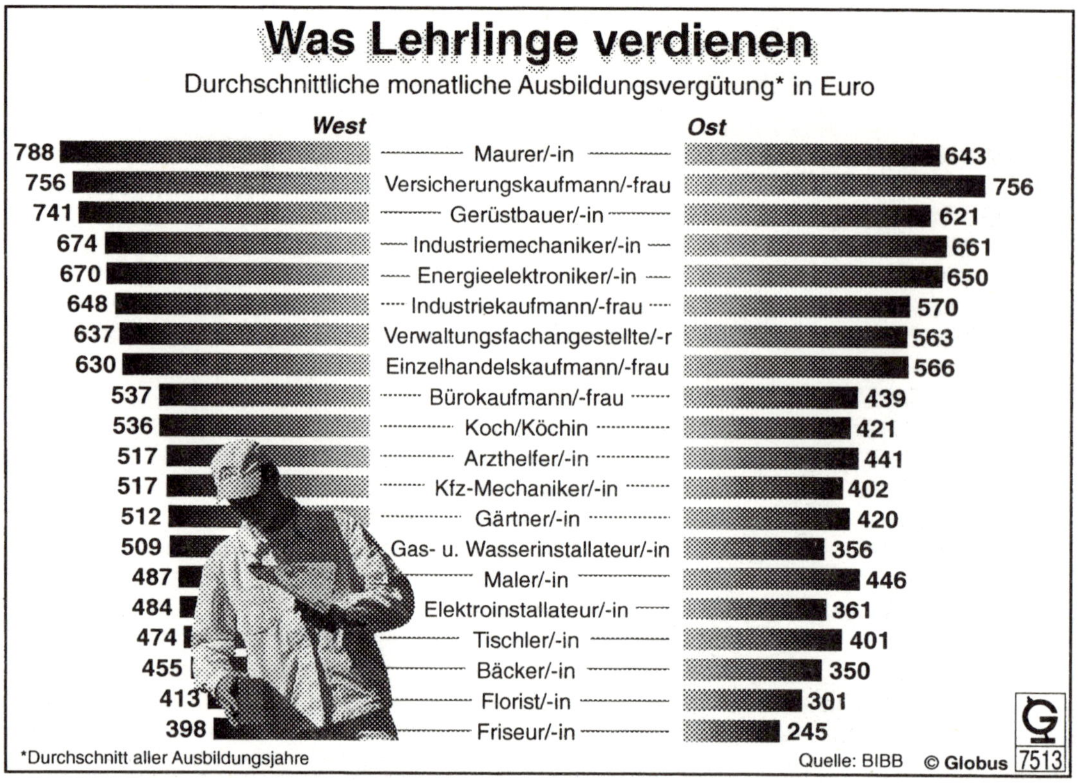

Ausbildungsberufe	Tätigkeitsmerkmale	Berufsfelder
Maurer	**Material verarbeiten**	**Bautechnik**
Versicherungskaufmann	**wirtschaften**	**Wirtschaft/Verwaltung**
Gerüstbauer	**zusammenbauen/montieren**	**Bautechnik**
Industriemechaniker	**zusammenbauen/montieren**	**Metalltechnik**
Energieelektroniker	**bedienen/überw. von M. + A.**	**Elektrotechnik**
Verwaltungsfachangestellter	**verwalten**	**Wirtschaft/Verwaltung**
Einzelhandelskaufmann	**bedienen/beraten**	**Wirtschaft/Verwaltung**
Bürokaufmann	**wirtschaften**	**Wirtschaft/Verwaltung**
Koch	**versorgen/betreuen**	**Ernährung/Hauswirt.**
Arzthelfer	**versorgen/betreuen**	**Gesundheit/Körperpfl.**
Kfz-Mechaniker	**zusammenbauen/montieren**	**Fahrzeugtechnik**
Gärtner	**bebauen/züchten**	**Agrarwirtschaft**
Gas- und Wasserinstallateur	**zusammenbauen/montieren**	**Metalltechnik**
Maler	**gestalten**	**Bautechnik**
Tischler	**Material verarbeiten**	**Holztechnik**
Bäcker	**Material verarbeiten**	**Ernährung/Hauswirt.**
Florist	**bebauen/züchten**	**Agrarwirtschaft**
Friseur	**bedienen/beraten**	**Gesundheit/Körperpfl.**

Berufe ordnen (3)

① Ordne die Ausbildungsberufe in dem Kästchen unten der Beliebtheit nach den Balkendiagrammen zu.

Bankkauffrau - Hotelfachfrau - Bürokauffrau - Arzthelferin - Industriekauffrau - Einzelhandelskauffrau - Fachverkäuferin Nahrungsmittel - Kauffrau für Bürokommunikation - Friseurin
Koch - Tischler - Kfz-Mechaniker - Einzelhandelskaufmann - Elektroinstallateur - Metallbauer - Maler und Lackierer - Groß- und Außenhandelskaufmann - Gas- und Wasserinstallateur - Maurer

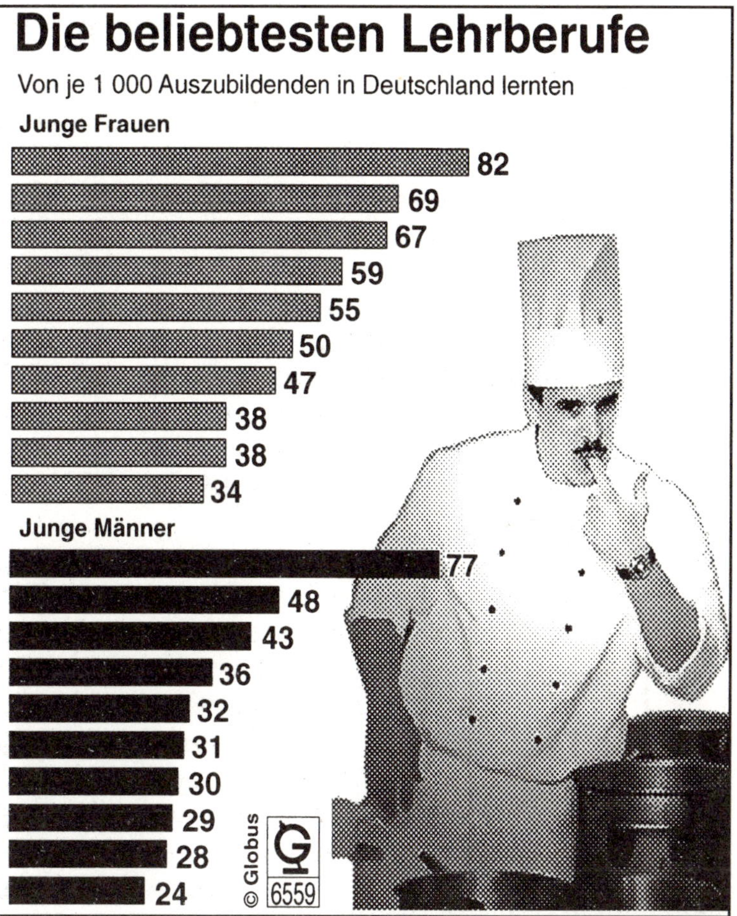

② Im Bild unten rechts haben sich acht sachlichen Veränderungen eingeschlichen. Finde sie heraus!

Lösung:

Berufe ordnen (3)

① Ordne die Ausbildungsberufe in dem Kästchen unten der Beliebtheit nach den Balkendiagrammen zu.

Bankkauffrau - Hotelfachfrau - Bürokauffrau - Arzthelferin - Industriekauffrau - Einzelhandelskauffrau - Fachverkäuferin Nahrungsmittel - Kauffrau für Bürokommunikation - Friseurin
Koch - Tischler - Kfz-Mechaniker - Einzelhandelskaufmann - Elektroinstallateur - Metallbauer - Maler und Lackierer - Groß- und Außenhandelskaufmann - Gas- und Wasserinstallateur - Maurer

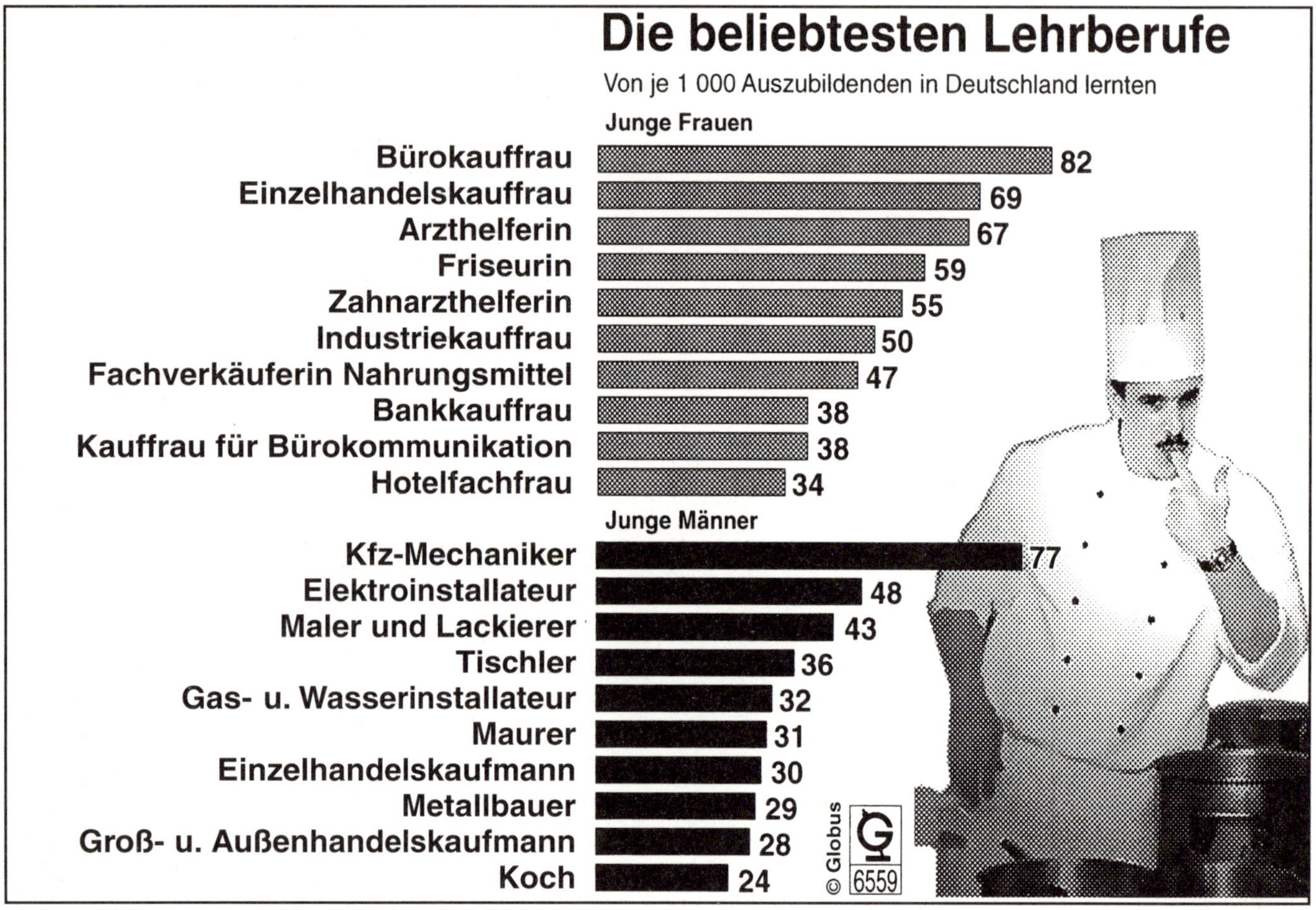

② Im Bild unten rechts haben sich acht sachlichen Veränderungen eingeschlichen. Finde sie heraus!

Arbeitslehre

Berufseignung

① Ordne durch Pfeilbeziehung den 17 Bildern die passenden Interessengebiete zu.

Mit Menschen zu tun haben

Körperlich tätig sein

Gestalterisch arbeiten

Handwerklich arbeiten

Auf technischem Gebiet arbeiten

Im Büro arbeiten

Anderen helfen

Verkaufen, kaufen

Maschinen zusammenbauen, reparieren

Mit Metall umgehen

Mit Baumaterialien umgehen

Im Freien arbeiten

Saubere Arbeit

Produktionsanlagen überwachen

Mit Elektrizität, Elektronik zu tun haben

Im Labor arbeiten

Mit Pflanzen oder Tieren umgehen

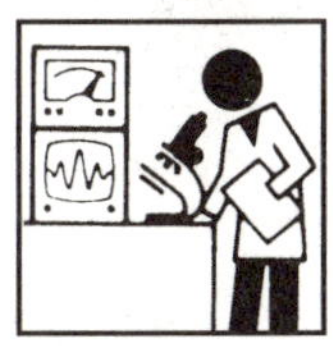

② Schreibe mindestens vier Merkmale auf, die für deine Berufsfindung eine wichtige Rolle spielen.

Lösung:

Berufseignung

① Ordne durch Pfeilbeziehung den 17 Bildern die passenden Interessengebiete zu.

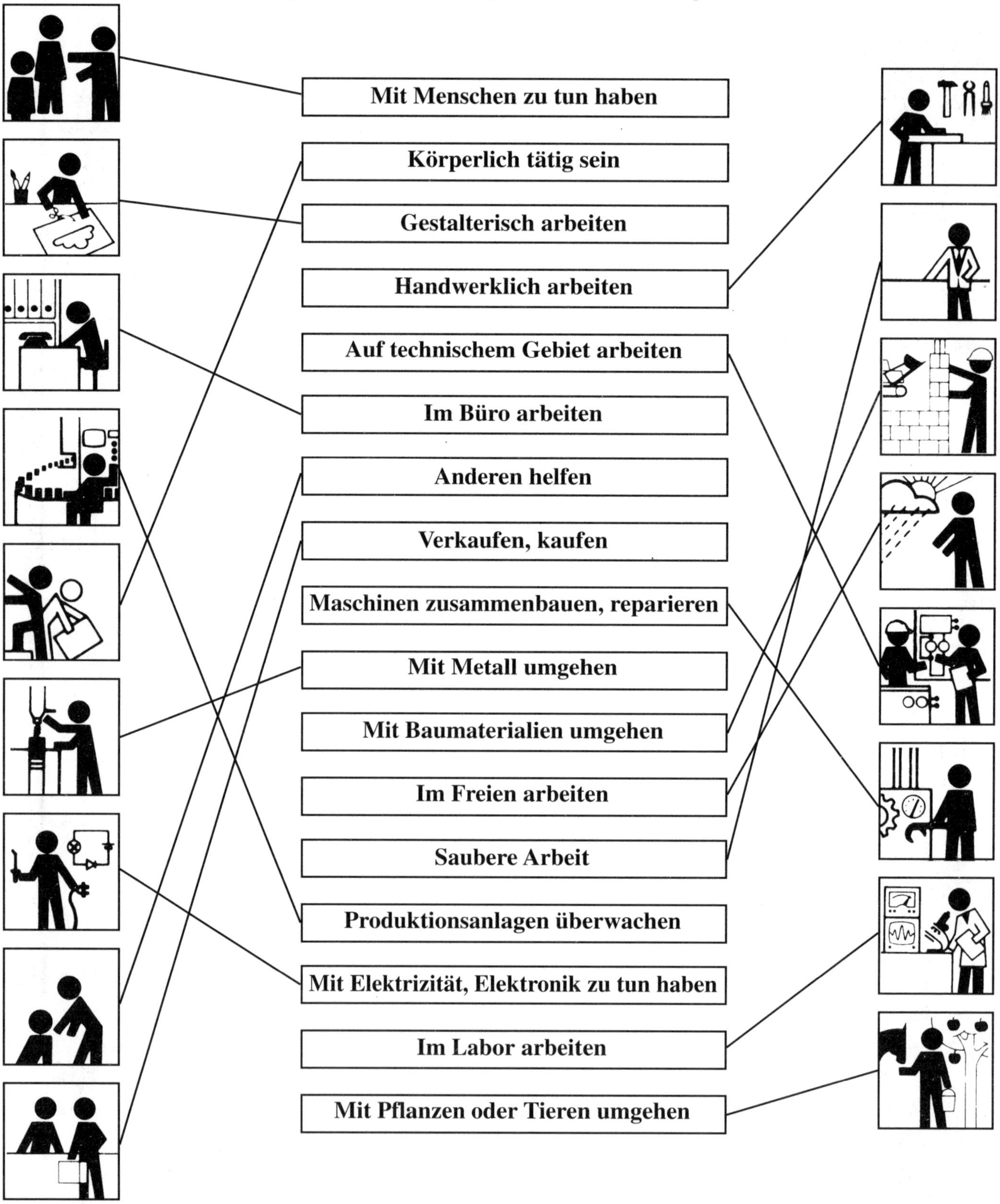

② Schreibe mindestens vier Merkmale auf, die für deine Berufsfindung eine wichtige Rolle spielen.

Arbeitslehre		

Berufliche Fähigkeiten und Fertigkeiten

① Suche jeweils zwei Berufe, die zu den unten angeführten Anforderungen passen!

gutes Reaktionsvermögen ______________________
gute Beobachtungsgabe ______________________
Sinn für Genauigkeit ______________________
gutes Gedächtnis, Merkfähigkeit ______________________
gute Umgangsformen, freundliches Wesen ______________________
Konzentrationsfähigkeit und Aufmerksamkeit ______________________
Kontaktfreudigkeit ______________________
Fähigkeit zur Gruppenarbeit ______________________
Fähigkeit zum Alleinarbeiten ______________________
Selbstbewusstsein ______________________
Interesse und Mitgefühl für fremde Menschen ______________________
körperliche Belastbarkeit (schwere Arbeiten) ______________________
Ausdauer, Gesundheit ______________________
Schwindelfreiheit ______________________
Farbunterscheidungsvermögen ______________________
räumliches Vorstellungsvermögen ______________________
Sinn für Formen und Farben ______________________
gestalterische Begabung ______________________
gut in Deutsch ______________________
sprachliche Gewandtheit ______________________
gut in Mathematik ______________________
Interesse an der Natur, an Pflanzen und Tieren ______________________
besondere technische Befähigung ______________________
Verständnis für technische Abläufe ______________________
zeichnerische Fähigkeiten ______________________
praktisches Handgeschick ______________________
Fingerfertigkeit ______________________

② Welche Berufe sind im Bild dargestellt? Suche zu jedem Beruf die zwei wichtigsten Anforderungen!

______________________ ______________________ ______________________
______________________ ______________________ ______________________
______________________ ______________________ ______________________

Lösung:

Berufliche Fähigkeiten und Fertigkeiten

① Suche jeweils zwei Berufe, die zu den unten angeführten Anforderungen passen!

gutes Reaktionsvermögen	Drucker, Industriemechaniker
gute Beobachtungsgabe	Kfz-Mechaniker, Tischler
Sinn für Genauigkeit	Reprograf, Zahntechniker
gutes Gedächtnis, Merkfähigkeit	Bankkaufmann, Elektrotechniker
gute Umgangsformen, freundliches Wesen	Hotelfachfrau, Arzthelferin
Konzentrationsfähigkeit und Aufmerksamkeit	technischer Zeichner, Grafikdesigner
Kontaktfreudigkeit	Bürokaufmann, Einzelhandelskauffrau
Fähigkeit zur Gruppenarbeit	Straßenbauer, Gas- u. Wasserinstallateur
Fähigkeit zum Alleinarbeiten	Friseur, Steinbildhauer
Selbstbewusstsein	Speditionskaufmann, Restaurator
Interesse und Mitgefühl für fremde Menschen	Altenpfleger, Kinderkrankenschwester
körperliche Belastbarkeit (schwere Arbeiten)	Maurer, Landwirt
Ausdauer, Gesundheit	Zimmerer, Estrichleger
Schwindelfreiheit	Dachdecker, Gerüstbauer
Farbunterscheidungsvermögen	Maler, Dekorentwerfer
räumliches Vorstellungsvermögen	Bauzeichner, Schreiner
Sinn für Formen und Farben	Glasmaler, Raumausstatter
gestalterische Begabung	Grafikdesigner, Stuckateur
gut in Deutsch	K. im Groß-/Außenhandel, Schriftsetzer
sprachliche Gewandtheit	Versicherungs-, Verlagskaufmann
gut in Mathematik	Radio-/Fernsehtechniker, Bankkaufmann
Interesse an der Natur, an Pflanzen und Tieren	Pferdewirt, Gärtner
besondere technische Befähigung	Komm.elektroniker, Kfz-Elektroniker
Verständnis für technische Abläufe	Zerspannungs-, Verpackungsmittelmech.
zeichnerische Fähigkeiten	Dekorentwerfer, Grafikdesigner
praktisches Handgeschick	Schuhmacher, Steinmetz
Fingerfertigkeit	Stempelmacher, Werkzeugmechaniker

② Welche Berufe sind im Bild dargestellt? Suche zu jedem Beruf die zwei wichtigsten Anforderungen!

K. für audiovisuelle Medien:
Kontaktfreudigkeit
Selbstbewusstsein

Mechatroniker/in:
beson. techn. Befähigung
Sinn für Genauigkeit

Automobilkauffrau/-mann:
Kontaktfreudigkeit
gute Umgangsformen

Kriterien für die Berufswahl

① Für Auszubildende gibt es bestimmte Aspekte, die für die Berufswahl von Bedeutung sind. Ordne diese Kriterien im Kästchen unten richtig in die Grafik ein.

Hilfe für andere - Abwechslung - Arbeitsplatzsicherheit - Kontakt mit Menschen - Verdienst - gutes Betriebsklima - angenehme Freizeit - Selbständigkeit - saubere Arbeit - Aufstieg - hohes Ansehen

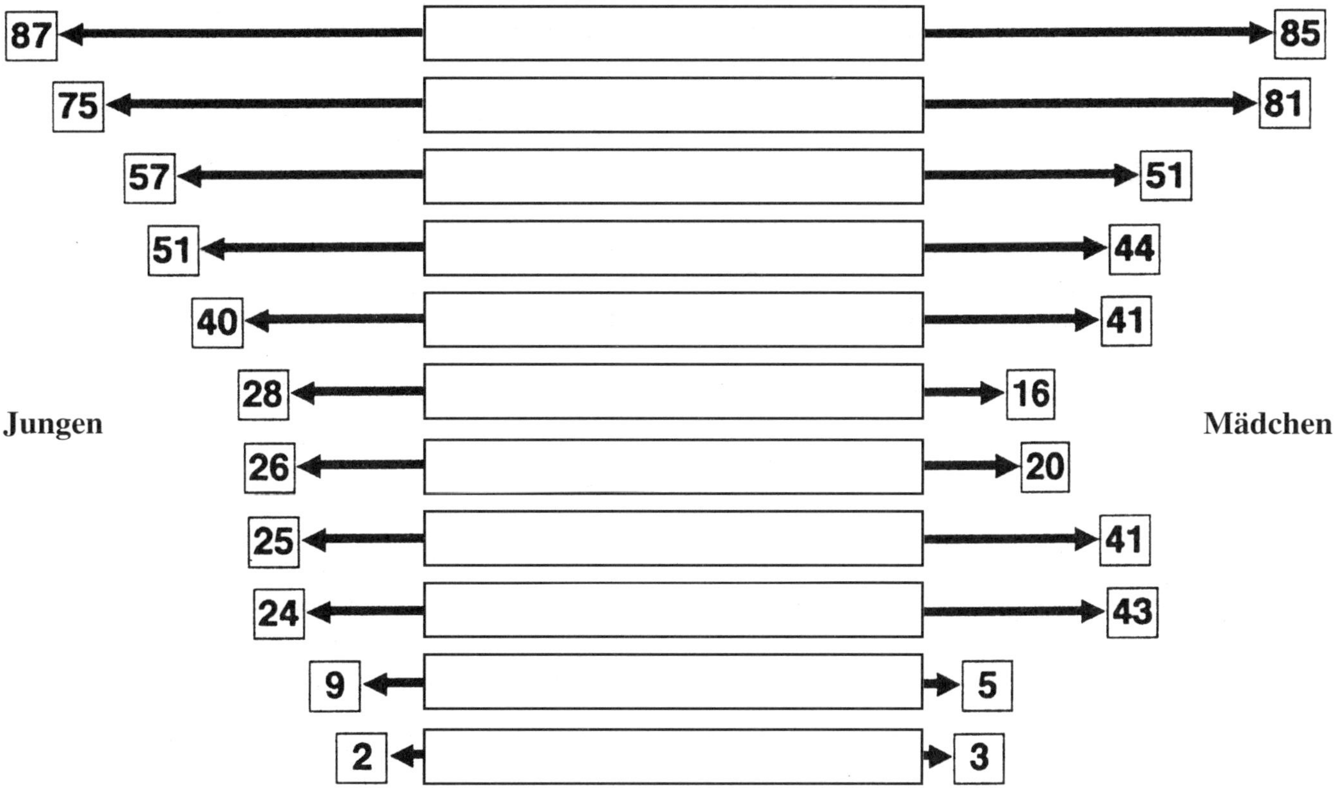

② Beantworte mit Hilfe der Grafik rechts!

- Wovor hat die arbeitende Bevölkerung am meisten Angst?
  - O zu wenig Urlaub
  - O unsicherer Arbeitsplatz
  - O Kritik vom Vorgesetzten
- Was ist für 52% der Arbeitnehmer nicht wichtig?
  - O gutes Verhältnis zu Kollegen
  - O Ansehen der Firma
  - O Art der Arbeit/Tätigkeit
- Was bedeutet das Wort „flexibel“?
  - O starr festgelegt
  - O gleichgültig
  - O sehr anpassungsfähig
- Was verstehst du unter „Sozialleistungen“?
  - O Kindergeld
  - O Krankenversicherung
  - O Stellen eines Firmenwagens
  - O Betriebsrente
  - O Rechtschutzversicherung

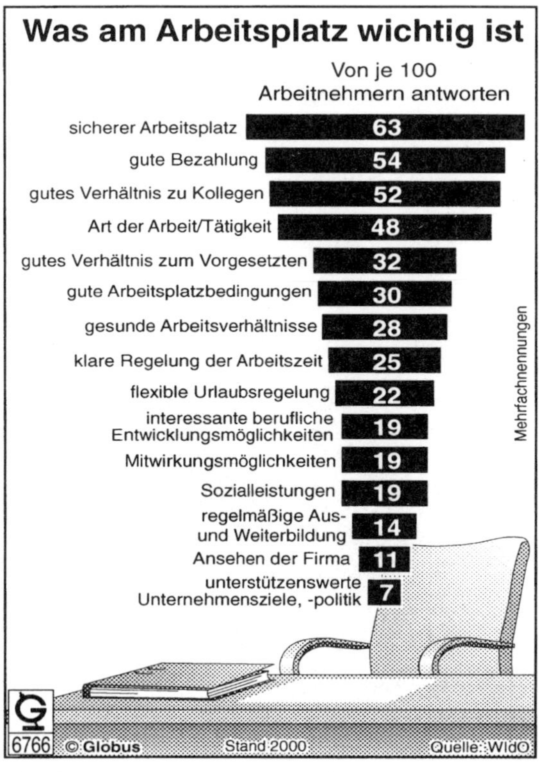

Lösung:

Kriterien für die Berufswahl

① Für Auszubildende gibt es bestimmte Aspekte, die für die Berufswahl von Bedeutung sind. Ordne diese Kriterien im Kästchen unten richtig in die Grafik ein.

Hilfe für andere - Abwechslung - Arbeitsplatzsicherheit - Kontakt mit Menschen - Verdienst - gutes Betriebsklima - angenehme Freizeit - Selbständigkeit - saubere Arbeit - Aufstieg - hohes Ansehen

Jungen		Mädchen
87	Arbeitsplatzsicherheit	85
75	gutes Betriebsklima	81
57	Aufstieg	51
51	angenehme Freizeit	44
40	Abwechslung	41
28	Verdienst	16
26	Selbständigkeit	20
25	Hilfe für andere	41
24	Kontakt mit Menschen	43
9	hohes Ansehen	5
2	saubere Arbeit	3

② Beantworte mit Hilfe der Grafik rechts!

- Wovor hat die arbeitende Bevölkerung am meisten Angst?
  - O zu wenig Urlaub
  - ● unsicherer Arbeitsplatz
  - O Kritik vom Vorgesetzten
- Was ist für 52% der Arbeitnehmer nicht wichtig?
  - O gutes Verhältnis zu Kollegen
  - O Ansehen der Firma
  - ● Art der Arbeit/Tätigkeit
- Was bedeutet das Wort „flexibel“?
  - O starr festgelegt
  - O gleichgültig
  - ● sehr anpassungsfähig
- Was verstehst du unter „Sozialleistungen“?
  - ● Kindergeld
  - ● Krankenversicherung
  - O Stellen eines Firmenwagens
  - ● Betriebsrente
  - O Rechtschutzversicherung

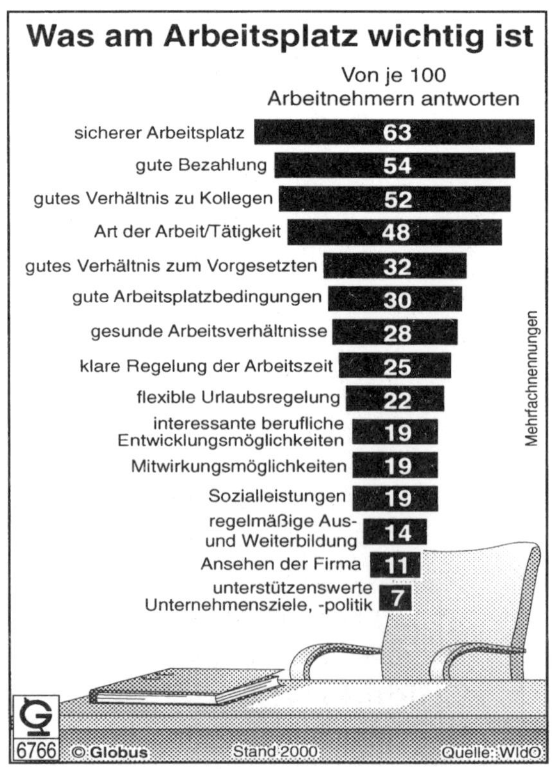

Arbeitslehre		

Schlüsselqualifikationen

① Die Wörter unten, in die richtige Reihenfolge gebracht, besagen, was „Schlüsselqualifikationen“ sind.

arbeiten - Fähigkeiten - in - problemorientiert - zu - die - werden - können - zielgerichtet - oder - Team - benötigt - verantwortungsbewusst - um - einem - selbständig - Betrieb - im

② Ordne den drei Bereichen die passenden Begriffe unten zu. Finde auch die drei Überbegriffe.

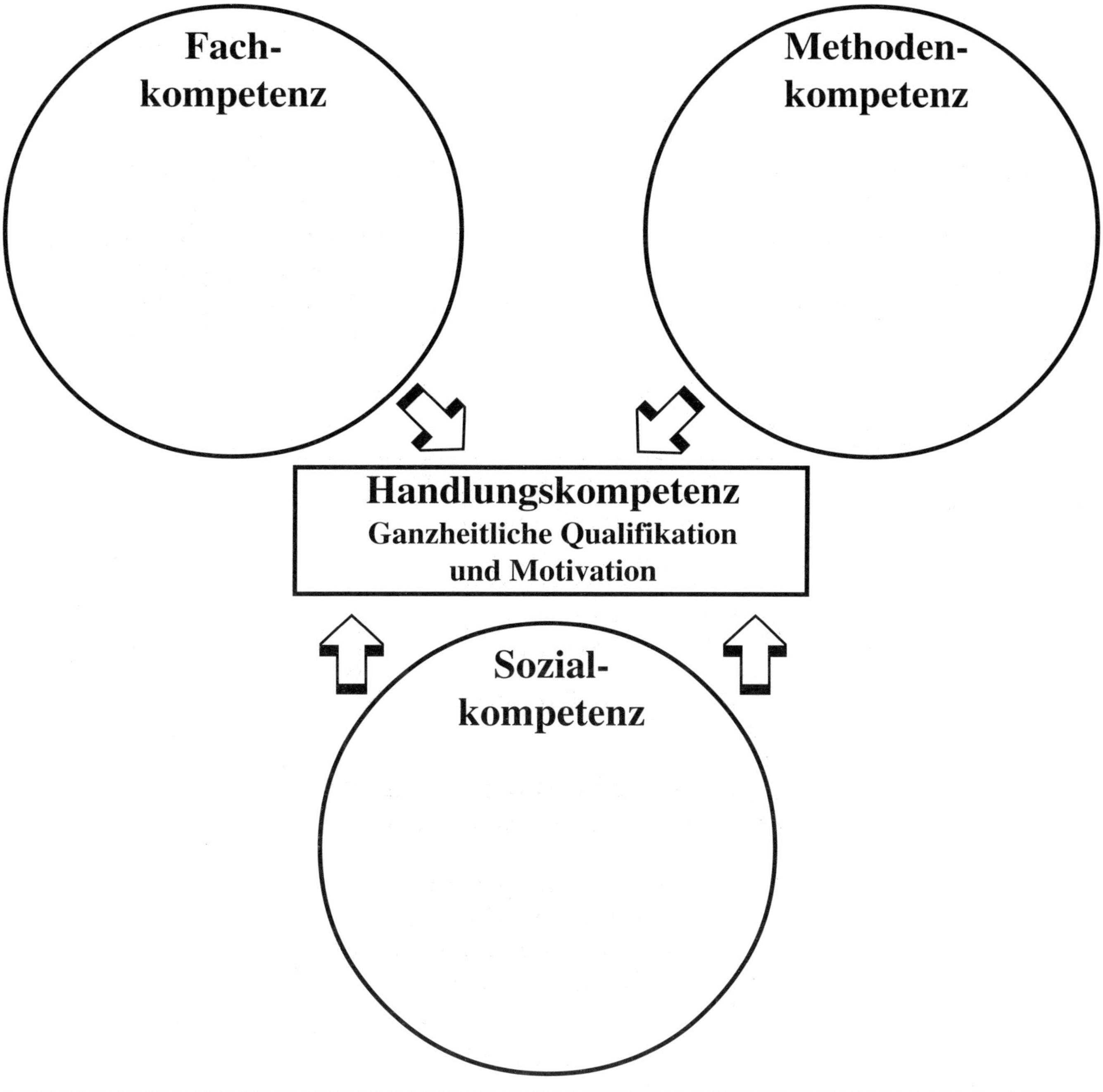

Rechnen - logisches Denken - Fairness - Fachkönnen/Fachwissen - Selbständigkeit - selbständiges Lernen - Programmiertechnik - personale Verhaltensweisen - Einsatzbereitschaft - Kommunikationsfähigkeit - Entscheidungsfähigkeit - Verantwortungsfähigkeit - Lern- und Arbeitsmethoden - materielle Kenntnisse und Fähigkeiten - Begründungs- und Bewertungsfähigkeit - Kooperationsfähigkeit

Lösung:

Schlüsselqualifikationen

① Die Wörter unten, in die richtige Reihenfolge gebracht, besagen, was „Schlüsselqualifikationen“ sind.

arbeiten - Fähigkeiten - in - problemorientiert - zu - die - werden - können - zielgerichtet - oder - Team - benötigt - verantwortungsbewusst - um - einem - selbständig - Betrieb - im

Fähigkeiten, die benötigt werden, um in einem Betrieb problemorientiert, zielgerichtet, verantwortungsbewusst, selbständig oder im Team arbeiten zu können

② Ordne den drei Bereichen die passenden Begriffe unten zu. Finde auch die drei Überbegriffe.

Fach-kompetenz

Fachkönnen/Fachwissen
Rechnen
Programmiertechnik
materielle Kenntnisse und Fähigkeiten

Methoden-kompetenz

Lern- und Arbeitsmethoden
logisches Denken
Entscheidungsfähigkeit
selbständiges Lernen
Begründungs- und Bewertungsfähigkeit

Handlungskompetenz
Ganzheitliche Qualifikation und Motivation

Sozial-kompetenz

personale Verhaltensweisen
Kommunikationsfähigkeit
Fairness
Einsatzbereitschaft
Kooperationsfähigkeit
Verantwortungsfähigkeit
Selbständigkeit

Rechnen - logisches Denken - Fairness - Fachkönnen/Fachwissen - Selbständigkeit - selbständiges Lernen - Programmiertechnik - personale Verhaltensweisen - Einsatzbereitschaft - Kommunikationsfähigkeit - Entscheidungsfähigkeit - Verantwortungsfähigkeit - Lern- und Arbeitsmethoden - materielle Kenntnisse und Fähigkeiten - Begründungs- und Bewertungsfähigkeit - Kooperationsfähigkeit

Arbeitslehre		

Vorüberlegungen zur Berufswahl

Lies die folgenden Aussagen aufmerksam durch und kreise ein:

① = ja; ② = möglich; ③ = eher nicht; ④ = nein

Beruflicher Umgang mit

• Baustoffen	1	2	3	4
• Druckerzeugnissen	1	2	3	4
• Holz	1	2	3	4
• Literatur/Büchern	1	2	3	4
• Fahrzeugen	1	2	3	4
• Film/Fernsehen	1	2	3	4
• Medikamenten	1	2	3	4
• Werbung	1	2	3	4
• Mode	1	2	3	4
• Keramik, Ton, Stein, Glas	1	2	3	4
• Geld/Finanzen	1	2	3	4
• Reisen/Touristik	1	2	3	4
• Zahlen	1	2	3	4
• Textilien/Schuhen	1	2	3	4
• Elektrik/Elektronik	1	2	3	4
• Computer/Internet	1	2	3	4
• Fotografie	1	2	3	4
• Kindern/Jugendlichen	1	2	3	4
• Farben	1	2	3	4
• Kranken/Behinderten	1	2	3	4
• Metall	1	2	3	4
• Tieren	1	2	3	4
• Motoren	1	2	3	4
• Chemikalien	1	2	3	4
• Maschinen/Geräten	1	2	3	4
• Feinmechanik/Optik	1	2	3	4
• Pflanzen/Blumen	1	2	3	4
• Nahrungs-/Lebensmitteln	1	2	3	4
• Musikinstrumenten	1	2	3	4
• Zeichengeräten	1	2	3	4

Arbeitsort

• Bank/Versicherung	1	2	3	4
• Krankenhaus	1	2	3	4
• Büro/Kanzlei	1	2	3	4
• Theater/Bühne	1	2	3	4
• Hotel/Gastronomie	1	2	3	4
• Geschäft/Kaufhaus	1	2	3	4
• Industrie/Fertigung	1	2	3	4
• Behörde/öffentl. Dienst	1	2	3	4
• Agentur/Studio	1	2	3	4
• Kindergarten	1	2	3	4
• Schule	1	2	3	4
• Zeitung	1	2	3	4
• Jugendheim	1	2	3	4
• Altenheim	1	2	3	4
• Werkstatt	1	2	3	4
• Hauswirtschaft	1	2	3	4
• Arzt-, Massagepraxis	1	2	3	4
• Forschungsinstitut	1	2	3	4
• Bau/Ausbau	1	2	3	4
• Im Freien	1	2	3	4
• Polizei/Bundesgrenzschutz	1	2	3	4
• Sanitätsbereich/Feuerwehr	1	2	3	4

Eigene Interessengebiete

• Verkauf von Dingen	1	2	3	4
• Handwerkliche Präzision	1	2	3	4
• Fortwirtschaftliche Arbeit	1	2	3	4
• Lernen fremder Sprachen	1	2	3	4
• Umgang mit Laborgeräten	1	2	3	4
• Zeichnen von Grafiken	1	2	3	4
• Erstellung von Bilanzen	1	2	3	4
• Konstruktion oder Entwicklung von Maschinen	1	2	3	4
• Überwachen maschineller Fertigungsabläufe	1	2	3	4
• Betreuung von Kranken	1	2	3	4
• Arbeiten am Computer	1	2	3	4
• Bau v. Straßen/Gebäuden	1	2	3	4
• Arbeit im Kunsthandwerk	1	2	3	4
• Wissenschaftliche Arbeit	1	2	3	4
• Personen-, Objektschutz	1	2	3	4
• Terminplanung, -kontrolle	1	2	3	4
• Beratung in Ernährungsfragen	1	2	3	4
• Auseinandersetzung mit gesellschaftlichen Themen	1	2	3	4

Arbeitslehre		

Vorüberlegungen zur Berufswahl

Lies die folgenden Aussagen aufmerksam durch und kreise ein:

① = ja; ② = möglich; ③ = eher nicht; ④ = nein

Spaß am/an der

• Beratung von Kunden	1	2	3	4	• Betreuung Behinderter	1	2	3	4
• Zubereitung von Speisen	1	2	3	4	• Führen v. Akten/Karteien	1	2	3	4
• Montieren von Maschinen	1	2	3	4	• Beratung in Geldangeleg.	1	2	3	4
• Pflege alter Menschen	1	2	3	4	• Pflege kranker Menschen	1	2	3	4
• Bau v. Häusern/Brücken	1	2	3	4	• Bewirten von Gästen	1	2	3	4
• Bedienen von Maschinen	1	2	3	4	• Beschäftigung mit Literatur	1	2	3	4
• Sorge für Ordnung/Recht	1	2	3	4	• kreativ-gestalt. Arbeit	1	2	3	4
• Vermittlung von Fitness	1	2	3	4	• Anfertigung techn. Zeichn.	1	2	3	4
• Entwurf von Konstr.plänen	1	2	3	4	• Arbeit mit Handwerkzeug	1	2	3	4
• Arbeit in der Landwirtsch.	1	2	3	4	• Beratung in Steuerfragen	1	2	3	4

Meine Stärken und Schwächen

• Es gelingt mir oft, meine Meinung durchzusetzen	1	2	3	4
• Die Erledigung mehrerer Dinge auf einmal belastet mich sehr	1	2	3	4
• Mit anderen Leuten komme ich schnell ins Gespräch	1	2	3	4
• Ich weiß, was ich will	1	2	3	4
• Organisieren liegt mir	1	2	3	4
• Das Lösen kniffliger Denksportaufgaben fällt mir leicht	1	2	3	4
• Auswendiglernen liegt mir	1	2	3	4
• Ich mag keine Gruppenarbeit	1	2	3	4
• Ich bin musikalisch und beherrsche ein Musikinstrument sehr gut	1	2	3	4
• Mit einem Bauplan kann ich mir vorstellen, wie man Geräte zusammenbaut	1	2	3	4
• Ich kann anderen gut zuhören	1	2	3	4
• Vom Lernen habe ich hinreichend genug	1	2	3	4
• Mir fällt es schwer, mehrere Stunden im Stehen zu arbeiten	1	2	3	4
• Ich treffe Entscheidungen, ohne lange zu zögern	1	2	3	4
• Wenn es anderen schlecht geht, finden sie bei mir Verständnis und Hilfe	1	2	3	4
• Ich bin am liebsten für mich allein	1	2	3	4
• Ich habe ein gutes Gedächtnis	1	2	3	4
• Ich kann geometrisch genau zeichnen	1	2	3	4
• Kräftiges Zupacken bei der Arbeit liegt mir	1	2	3	4
• Mein Arbeiten ist eher chaotisch als planvoll	1	2	3	4
• Aufgaben aus der Mathematisch und Physik fallen mir leicht	1	2	3	4
• Leistungsdruck kann ich gut aushalten	1	2	3	4
• Verantwortungsvolle Aufgaben liegen mir	1	2	3	4
• Wenn ich etwas reparieren kann, fühle ich mich wohl	1	2	3	4
• Ich kann sehr sorgfältig arbeiten	1	2	3	4
• Im Gespräch mit Vorgesetzten fühle ich mich unsicher	1	2	3	4
• Erfolgversprechende Ideen setze ich auch gegen Widerstände durch	1	2	3	4
• Lernen ist für mich reine Zeitverschwendung	1	2	3	4
• Mir liegt das Entwickeln und Umsetzen gestalterischer Ideen besonders	1	2	3	4
• Das Formulieren und Ausfeilen von Texten bereitet mir keine Probleme	1	2	3	4

Arbeitslehre

Hauptschule - was dann?

① Löse das Treppenrätsel unten.

1																	
2																	
3																	
4																	
5				B													
6							T										
7	L																
8							O										
9										K							
10	H																
11						S	S										
12																	
13					W							A					
14																	
15			R														
16			R														

1. Abkürzung für Berufsvorbereitungsjahr
2. Abkürzung für Berufsgrundschuljahr
3. Besondere 10. Klasse
4. Qualifizierter Hauptschulabschluss
5. Beruflicher mittlerer Bildungsabschluss
6. Der Berufsschulunterricht ist für alle Schüler ...
7. Er dient der Fortbildung
8. Unterricht kann auch so erfolgen
9. Ausbildungszweig im BGJ
10. Ausbildungszweig im BGJ
11. Ausbildung in Schule und Beruf
12. Abschluss der Berufsschulausbildung
13. Ausbildungszweig im BGJ
14. Erfolgt bei nicht so guten Noten zur M 10
15. Abkürzung: BFS
16. Schule, die zur mittleren Reife führt

② In nur zwei der sechs Fälle erhältst du den so genannten „Quabi". Kreuze richtig an.

O Quali; Englisch 4; Berufsschulzeugnis Ø 2,5; abgeschlossene Berufsausbildung Ø 2,5

O Hauptschulabschluss; Englisch 2; Berufsschulzeugnis Ø 2,5; abgeschl. Berufsausbildung

O Quali; Englisch 3; Berufsschulzeugnis Ø 2,5; abgeschlossene Berufsausbildung

O Hauptschulabschluss; Englisch 3; Berufsschulzeugnis Ø 2,5; abgeschl. Berufsausbildung Ø 2,5

O Quali; Englisch 3; Berufsschulzeugnis; abgeschlossene Berufsausbildung

O Hauptschulabschluss; Englisch 3; Berufsschulzeugnis; abgeschl. Berufsausbildung Ø 2,5

Lösung:

Hauptschule - was dann?

① Löse das Treppenrätsel unten.

1	B	V	J														
2	B	G	J														
3	M	1	0														
4	Q	U	A	L	I												
5	Q	U	A	B	I												
6	P	F	L	I	C	H	T										
7	L	E	H	R	G	A	N	G									
8	B	L	O	C	K	F	O	R	M								
9	B	A	U	T	E	C	H	N	I	K							
10	H	O	L	Z	T	E	C	H	N	I	K						
11	D	U	A	L	E	S	S	Y	S	T	E	M					
12	G	E	S	E	L	L	E	N	B	R	I	E	F				
13	H	A	U	S	W	I	R	T	S	C	H	A	F	T			
14	A	U	F	N	A	H	M	E	P	R	Ü	F	U	N	G		
15	B	E	R	U	F	S	F	A	C	H	S	C	H	U	L	E	
16	W	I	R	T	S	C	H	A	F	T	S	S	C	H	U	L	E

1. Abkürzung für Berufsvorbereitungsjahr
2. Abkürzung für Berufsgrundschuljahr
3. Besondere 10. Klasse
4. Qualifizierter Hauptschulabschluss
5. Beruflicher mittlerer Bildungsabschluss
6. Der Berufsschulunterricht ist für alle Schüler ...
7. Er dient der Fortbildung
8. Unterricht kann auch so erfolgen
9. Ausbildungszweig im BGJ
10. Ausbildungszweig im BGJ
11. Ausbildung in Schule und Beruf
12. Abschluss der Berufsschulausbildung
13. Ausbildungszweig im BGJ
14. Erfolgt bei nicht so guten Noten zur M 10
15. Abkürzung: BFS
16. Schule, die zur mittleren Reife führt

② In nur zwei der sechs Fälle erhältst du den so genannten „Quabi". Kreuze richtig an.

- O Quali; Englisch 4; Berufsschulzeugnis Ø 2,5; abgeschlossene Berufsausbildung Ø 2,5
- O Hauptschulabschluss; Englisch 2; Berufsschulzeugnis Ø 2,5; abgeschl. Berufsausbildung
- ● Quali; Englisch 3; Berufsschulzeugnis Ø 2,5; abgeschlossene Berufsausbildung
- ● Hauptschulabschluss; Englisch 3; Berufsschulzeugnis Ø 2,5; abgeschl. Berufsausbildung Ø 2,5
- O Quali; Englisch 3; Berufsschulzeugnis; abgeschlossene Berufsausbildung
- O Hauptschulabschluss; Englisch 3; Berufsschulzeugnis; abgeschl. Berufsausbildung Ø 2,5

Arbeitslehre		

Bewerben und Vorstellen

① Was enthalten Bewerbungsunterlagen. Kreuze richtig an!

O Lebenslauf, Bewerbungsschreiben, Geburtsurkunde, Zeugniskopien der beiden letzten Zeugnisse

O Lebenslauf, Bewerbungsschreiben, Foto, Personalausweis, Zeugniskopie des letzten Zeugnisses

O Lebenslauf, Bewerbungsschreiben, Foto, Zeugniskopien der beiden letzten Zeugnisse

O Lebenslauf, Bewerbungsschreiben, Foto, Geburtsurkunde, Zeugniskopie des letzten Zeugnisses

② Beantworte die Fragen zum Lebenslauf. Kreuze richtig an!

	Ja	Nein
• Darf ich ein Lebenslauf mit der Hand schreiben?	O	O
• Darf ich beim Lebenslauf die Rückseite beschreiben?	O	O
• Muss ich den Lebenslauf unterschreiben?	O	O
• Müssen meine Eltern den Lebenslauf unterschreiben?	O	O
• Zählt Beherrschung von Computerspielen zu besonderen Kenntnissen?	O	O
• Ist eine Angabe zur Konfession notwendig?	O	O
• Darf ich den Lebenslauf mit Computer schreiben?	O	O
• Stört ein „Eselsohr“ oder ein Tintenfleck?	O	O
• Ist DIN A 5-Format möglich?	O	O
• Soll ich parfumiertes rosafarbenes Papier verwenden?	O	O
• Darf ich eine Grußformel verwenden?	O	O

③ Wann ist für einen Neuntklässler der richtige Zeitpunkt für eine Bewerbung?

O Zu Beginn der 9. Klasse O Ende der 8. Klasse O Ende der 9. Klasse

④ Reicht eine Bewerbung aus? Begründe kurz!

____

____

⑤ Betrachte die Personen unten, die zu einem Vorstellungsgespräch erscheinen. Begründe kurz, für welche Personen sich ein Betrieb entscheiden würde.

❶ ______________________________

❷ ______________________________

❸ ______________________________

❹ ______________________________

❺ ______________________________

❻ ______________________________

Lösung:

Bewerben und Vorstellen

① Was enthalten Bewerbungsunterlagen. Kreuze richtig an!

O Lebenslauf, Bewerbungsschreiben, Geburtsurkunde, Zeugniskopien der beiden letzten Zeugnisse

O Lebenslauf, Bewerbungsschreiben, Foto, Personalausweis, Zeugniskopie des letzten Zeugnisses

● Lebenslauf, Bewerbungsschreiben, Foto, Zeugniskopien der beiden letzten Zeugnisse

O Lebenslauf, Bewerbungsschreiben, Foto, Geburtsurkunde, Zeugniskopie des letzten Zeugnisses

② Beantworte die Fragen zum Lebenslauf. Kreuze richtig an!

	Ja	Nein
• Darf ich ein Lebenslauf mit der Hand schreiben?	●	O
• Darf ich beim Lebenslauf die Rückseite beschreiben?	O	●
• Muss ich den Lebenslauf unterschreiben?	●	O
• Müssen meine Eltern den Lebenslauf unterschreiben?	O	●
• Zählt Beherrschung von Computerspielen zu besonderen Kenntnissen?	O	●
• Ist eine Angabe zur Konfession notwendig?	O	●
• Darf ich den Lebenslauf mit Computer schreiben?	●	O
• Stört ein „Eselsohr" oder ein Tintenfleck?	●	O
• Ist DIN A 5-Format möglich?	O	●
• Soll ich parfumiertes rosafarbenes Papier verwenden?	O	●
• Darf ich eine Grußformel verwenden?	O	●

③ Wann ist für einen Neuntklässler der richtige Zeitpunkt für eine Bewerbung?

● Zu Beginn der 9. Klasse ● Ende der 8. Klasse O Ende der 9. Klasse

④ Reicht eine Bewerbung aus? Begründe kurz!

Zur Sicherheit sollten Bewerbungen parallel zu verschiedenen Betrieben geschickt werden.

⑤ Betrachte die Personen unten, die zu einem Vorstellungsgespräch erscheinen. Begründe kurz, für welche Personen sich ein Betrieb entscheiden würde.

❶ **Haltung zu leger, deutet auf Selbstüberheblichkeit hin ➪ ungünstiger Eindruck**

❷ **Eindruck der Schüchternheit, mangelndes Selbstbewusstsein, Nervosität ➪ negativ**

❸ **Selbstsicheres Auftreten, Kleidung etwas antiquiert ➪ positiv (eher bei Frauen)**

❹ **Selbstsicheres Auftreten, modisch figurbetont gekleidet ➪ positiv (bei Männern)**

❺ **Ungeeignet von Kleidung, Frisur und Auftreten ➪ stark negativ**

❻ **Selbstsicheres Auftreten, modische Kleidung ➪ positiv (im Dienstleistungsbereich)**

Arbeitslehre

Der Berufsausbildungsvertrag

① Welche Vereinbarungen sind in einem Berufsausbildungsvertrag enthalten? Setze die Silben richtig zusammen. Die groß geschriebenen Anfangsbuchstaben musst du selbst herausfinden!

aus - be- zeit - der - bil - ten - des - aus - vor - zun - dau - ver - der - dau - aus - be - bil - ruf - und - dau - rufs - bil - gungs - di - pflich - zu - den - set - gen - kün - ur - aus - täg - er - bil - li - laubs - den - dungs - pro - ar - che - ginn - er - be - aus - dungs - beits - dung - be - gü - zeit - tung - er

❶ ______________________
❷ ______________________
❸ ______________________
❹ ______________________
❺ ______________________
❻ ______________________
❼ ______________________
❽ ______________________

② Wer muss den Berufsausbildungsvertrag unterschreiben, damit er rechtswirksam ist?

O Azubi, Ausbilder
O Azubi, Ausbilder, gesetzliche Vertreter
O Ausbilder, gesetzliche Vertreter
O Azubi allein

③ Wann verlängert sich das Berufsausbildungsverhältnis?

____
____

④ Was weißt du über die Kündigung
• innerhalb der Probezeit?

____
____

• außerhalb der Probezeit?

____
____
____
____

⑤ Suche im Ausbildungsvertrag (Ausschnitt) rechts heraus, was folgende Punkte beinhalten:

• A ______________________
• B ______________________
• C ______________________
• D ______________________
• E ______________________

A Die Ausbildungszeit beträgt nach der Ausbildungsordnung ______ Monate.
Die vorausgegangene Berufsausbildung/Vorbildung:
____
wird mit ______ Monaten angerechnet, bzw. es wird eine entsprechende Verkürzung beantragt.

Das Berufsausbildungsverhältnis
beginnt am Tag | Monat | Jahr ______ endet am Tag | Monat | Jahr ______

B Die Probezeit (§ 1 Nr. 2) beträgt ______ Monate.[3])

C Die Ausbildung findet vorbehaltlich der Regelungen nach D (§ 3 Nr. 12) in ______________________
____
und den mit dem Betriebssitz für die Ausbildung üblicherweise zusammenhängenden Bau-, Montage- und sonstigen Arbeitsstellen statt.

D Ausbildungsmaßnahmen außerhalb der Ausbildungsstätte (§ 3 Nr. 12) ______________________
Was: ______________________
Ort: ______________________
Dauer: ______________________

E Der Ausbildende zahlt dem Auszubildenden eine angemessene Vergütung (§ 5); diese beträgt zur Zeit monatlich brutto:

€				
im	ersten	zweiten	dritten	vierten

Ausbildungsjahr.
Soweit Vergütungen tariflich geregelt sind, gelten mindestens die tariflichen Sätze.[8])

Lösung:

Der Berufsausbildungsvertrag

① Welche Vereinbarungen sind in einem Berufsausbildungsvertrag enthalten? Setze die Silben richtig zusammen. Die groß geschriebenen Anfangsbuchstaben musst du selbst herausfinden!

aus - be- zeit - der - bil - ten - des - aus - vor - zun - dau - ver - der - dau - aus - be - bil - ruf - und - dau - rufs - bil - gungs - di - pflich - zu - den - set - gen - kün - ur - aus - täg - er - bil - li - laubs - den - dungs - pro - ar - che - ginn - er - be - aus - dungs - beits - dung - be - gü - zeit - tung - er

❶ **Ausbildungsberuf**
❷ **Beginn und Dauer der Berufsausbildung**
❸ **tägliche Arbeitszeit**
❹ **Dauer der Probezeit**
❺ **Ausbildungsvergütung**
❻ **Urlaubsdauer**
❼ **Kündigungsvoraussetzungen**
❽ **Pflichten des Auszubildenden**

② Wer muss den Berufsausbildungsvertrag unterschreiben, damit er rechtswirksam ist?

O Azubi, Ausbilder
● Azubi, Ausbilder, gesetzliche Vertreter
O Ausbilder, gesetzliche Vertreter
O Azubi allein

③ Wann verlängert sich das Berufsausbildungsverhältnis?

Bei Nichtbestehen der Abschlussprüfung (bis zur erneuten Prüfung)

④ Was weißt du über die Kündigung

• innerhalb der Probezeit?

ohne Kündigungsfristen und ohne Angabe von Gründen möglich

• außerhalb der Probezeit?

ohne Kündigungsfrist aus einem wichtigen Grund (z.B. Arbeitsverweigerung, Diebstahl); Kündigungsfrist von vier Wochen von Seiten des Azubis

⑤ Suche im Ausbildungsvertrag (Ausschnitt) rechts heraus, was folgende Punkte beinhalten:

• A **Ausbildungszeit**
• B **Probezeit**
• C **Ausbildungsstätte**
• D **Überbetriebliche Ausbildung**
• E **Ausbildungsvergütung**

A Die Ausbildungszeit beträgt nach der Ausbildungsordnung ______ Monate.
Die vorausgegangene Berufsausbildung/Vorbildung: ______
wird mit ______ Monaten angerechnet, bzw. es wird eine entsprechende Verkürzung beantragt.

Das Berufsausbildungsverhältnis
beginnt am Tag Monat Jahr ______ endet am Tag Monat Jahr ______

B Die Probezeit (§ 1 Nr. 2) beträgt ______ Monate.[3])

C Die Ausbildung findet vorbehaltlich der Regelungen nach **D** (§ 3 Nr. 12) in ______

und den mit dem Betriebssitz für die Ausbildung üblicherweise zusammenhängenden Bau-, Montage- und sonstigen Arbeitsstellen statt.

D Ausbildungsmaßnahmen außerhalb der Ausbildungsstätte (§ 3 Nr. 12) ______
Was: ______
Ort: ______
Dauer: ______

E Der Ausbildende zahlt dem Auszubildenden eine angemessene Vergütung (§ 5); diese beträgt zur Zeit monatlich brutto:

€				
im	ersten	zweiten	dritten	vierten

Ausbildungsjahr.
Soweit Vergütungen tariflich geregelt sind, gelten mindestens die tariflichen Sätze.[8])

Arbeitslehre		

Das Jugendarbeitsschutzgesetz

① Setze die Zahlenangaben unten richtig in einige Punkte des Jugendarbeitsschutzgesetzes ein!

8 - 40 - 5 - 45 - 30 - 16 - 15 - 4,5 - 60 - 6 - 5 - 30 - 1 - 12 - 27 - 6 - 25 - 4,5 - 1 - 6 - 8,5 - 20 - 9

Das Jugendarbeitsschutzgesetz, das für alle Beschäftigten unter 18 Jahren gilt, hat wichtige Punkte zum Inhalt. Grundsätzlich gilt ein Verbot der Beschäftigung von Kindern (Personen unter 15 Jahren).

❶ Nachtruhe (§ 14)

Grundsätzlich gilt ein Beschäftigungsverbot für die Zeit zwischen _____ Uhr und _____ Uhr. Ausnahmeregelungen gibt es für Jugendliche über _____ Jahre in Gastwirtschaften, Bäckereien usw.

❷ Arbeitszeit (§§ 8,12)

In der Regel nicht mehr als _____ Stunden täglich und _____ Stunden wöchentlich,

Sie darf auf _____ Stunden an Werktagen verlängert werden, wenn sie dafür an einzelnen Werktagen derselben Woche verkürzt wird.

Jugendliche dürfen nur an _____ Tagen in der Woche beschäftigt werden.

Es gilt ein grundsätzliche Verbot der Samstags-, Sonn- und Feiertagsarbeit. Ausnahmenregelungen gibt es im Einzelhandel, in Gaststätten, in der Landwirtschaft, in Reparaturwerkstätten usw.

❸ Ruhepausen - tägliche Freizeit - Urlaub (§§ 11,13,19)

• Ruhepausen: Bei einer Arbeitszeit von _____ bis zu _____ Stunden sind es _____ Minuten, bei einer Arbeitszeit von mehr als _____ Stunden sind es _____ Minuten.

Als Ruhepausen gelten nur Arbeitsunterbrechungen von mindestens _____ Minuten. Länger als _____ Stunden hintereinander dürfen Jugendliche nicht ohne Ruhepause beschäftigt werden.

Ruhepausen können frühestens _____ Stunde nach Beginn und spätestens _____ Stunde vor Ende der Arbeitszeit gegeben werden.

• Freizeit: Nach Beendigung der täglichen Arbeitszeit ist Jugendlichen bis zum nächsten Arbeitsbeginn eine ununterbrochene Freizeit von mindestens _____ Stunden zu gewähren.

• Urlaub: Für jedes Kalenderjahr ist Jugendlichen ein bezahlter Erholungsurlaub wie folgt zu gewähren. Es sind mindestens _____ Werktage, wenn der Jugendliche zu Beginn des Kalenderjahres noch nicht 16 Jahre alt ist, mindestens _____ Werktage, wenn er noch nicht 17 Jahre alt ist und mindestens _____ Werktage, wenn er noch nicht 18 Jahre alt ist.

❹ Berufsschule und Prüfungen (§§ 9,10)

Jugendliche sind für die Teilnahme am Berufsschulunterricht von jeglicher Beschäftigung freizustellen. Sie dürfen nicht beschäftigt werden, wenn der Unterricht vor _____ Uhr beginnt und wenn einmal in der Woche ein Berufsschultag mit mehr als _____ Unterrichtsstunden von mindestens je _____ Minuten stattfindet.

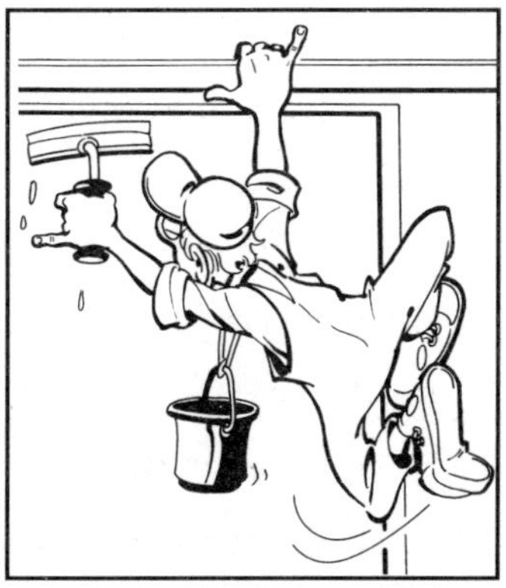

② Zähle weitere Punkte des Jugendarbeitsschutzgesetzes auf!

____

____

____

____

Lösung:

Das Jugendarbeitsschutzgesetz

① Setze die Zahlenangaben unten richtig in einige Punkte des Jugendarbeitsschutzgesetzes ein!

8 - 40 - 5 - 45 - 30 - 16 - 15 - 4,5 - 60 - 6 - 5 - 30 - 1 - 12 - 27 - 6 - 25 - 4,5 - 1 - 6 - 8,5 - 20 - 9

Das Jugendarbeitsschutzgesetz, das für alle Beschäftigten unter 18 Jahren gilt, hat wichtige Punkte zum Inhalt. Grundsätzlich gilt ein Verbot der Beschäftigung von Kindern (Personen unter 15 Jahren).

❶ Nachtruhe (§ 14)

Grundsätzlich gilt ein Beschäftigungsverbot für die Zeit zwischen __20__ Uhr und __6__ Uhr. Ausnahmeregelungen gibt es für Jugendliche über __16__ Jahre in Gastwirtschaften, Bäckereien usw.

❷ Arbeitszeit (§§ 8,12)

In der Regel nicht mehr als __8__ Stunden täglich und __40__ Stunden wöchentlich,
Sie darf auf __8,5__ Stunden an Werktagen verlängert werden, wenn sie dafür an einzelnen Werktagen derselben Woche verkürzt wird.
Jugendliche dürfen nur an __5__ Tagen in der Woche beschäftigt werden.
Es gilt ein grundsätzliche Verbot der Samstags-, Sonn- und Feiertagsarbeit. Ausnahmenregelungen gibt es im Einzelhandel, in Gaststätten, in der Landwirtschaft, in Reparaturwerkstätten usw.

❸ Ruhepausen - tägliche Freizeit - Urlaub (§§ 11,13,19)

• Ruhepausen: Bei einer Arbeitszeit von __4,5__ bis zu __6__ Stunden sind es __30__ Minuten, bei einer Arbeitszeit von mehr als __6__ Stunden sind es __60__ Minuten.
Als Ruhepausen gelten nur Arbeitsunterbrechungen von mindestens __15__ Minuten. Länger als __4,5__ Stunden hintereinander dürfen Jugendliche nicht ohne Ruhepause beschäftigt werden.
Ruhepausen können frühestens __1__ Stunde nach Beginn und spätestens __1__ Stunde vor Ende der Arbeitszeit gegeben werden.

• Freizeit: Nach Beendigung der täglichen Arbeitszeit ist Jugendlichen bis zum nächsten Arbeitsbeginn eine ununterbrochene Freizeit von mindestens __12__ Stunden zu gewähren.

• Urlaub: Für jedes Kalenderjahr ist Jugendlichen ein bezahlter Erholungsurlaub wie folgt zu gewähren. Es sind mindestens __30__ Werktage, wenn der Jugendliche zu Beginn des Kalenderjahres noch nicht 16 Jahre alt ist, mindestens __27__ Werktage, wenn er noch nicht 17 Jahre alt ist und mindestens __25__ Werktage, wenn er noch nicht 18 Jahre alt ist.

❹ Berufsschule und Prüfungen (§§ 9,10)

Jugendliche sind für die Teilnahme am Berufsschulunterricht von jeglicher Beschäftigung freizustellen. Sie dürfen nicht beschäftigt werden, wenn der Unterricht vor __9__ Uhr beginnt und wenn einmal in der Woche ein Berufsschultag mit mehr als __5__ Unterrichtsstunden von mindestens je __45__ Minuten stattfindet.

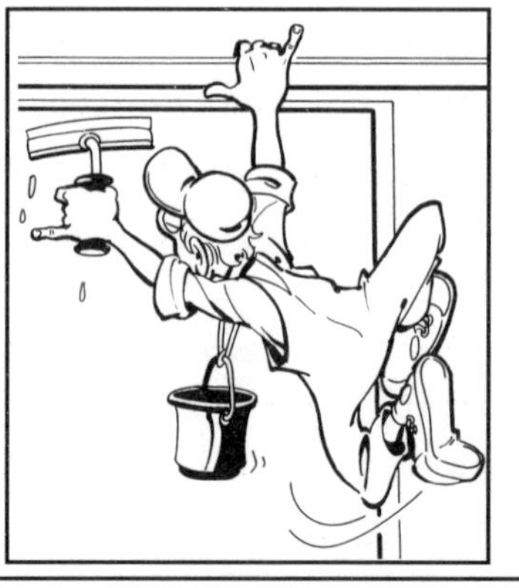

② Zähle weitere Punkte des Jugendarbeitsschutzgesetzes auf!

Schichtzeit (§ 12), Samstagsruhe (§ 16), Feiertagsruhe (§ 18), Sonntagsruhe (§ 17), Akkordarbeit (§ 23), gefährliche Arbeiten (§ 22), Erstuntersuchung (§ 32), erste Nachuntersuchung (§ 33), Mitteilung/Bescheinigung (§ 39)

Arbeitslehre		

Belastungen am Arbeitsplatz

① Setze in das Schaubild die fehlenden Belastungen am Arbeitsplatz ein!

grelles Licht/schlechte Beleuchtung - gefährliche Stoffe/Strahlung - Arbeit im Stehen - Kälte/Nässe/ Zugluft - Lärm - Öl/Fett-Schmutz - Rauch/Gas/Stäube/Dämpfe - Heben/Tragen schwerer Lasten

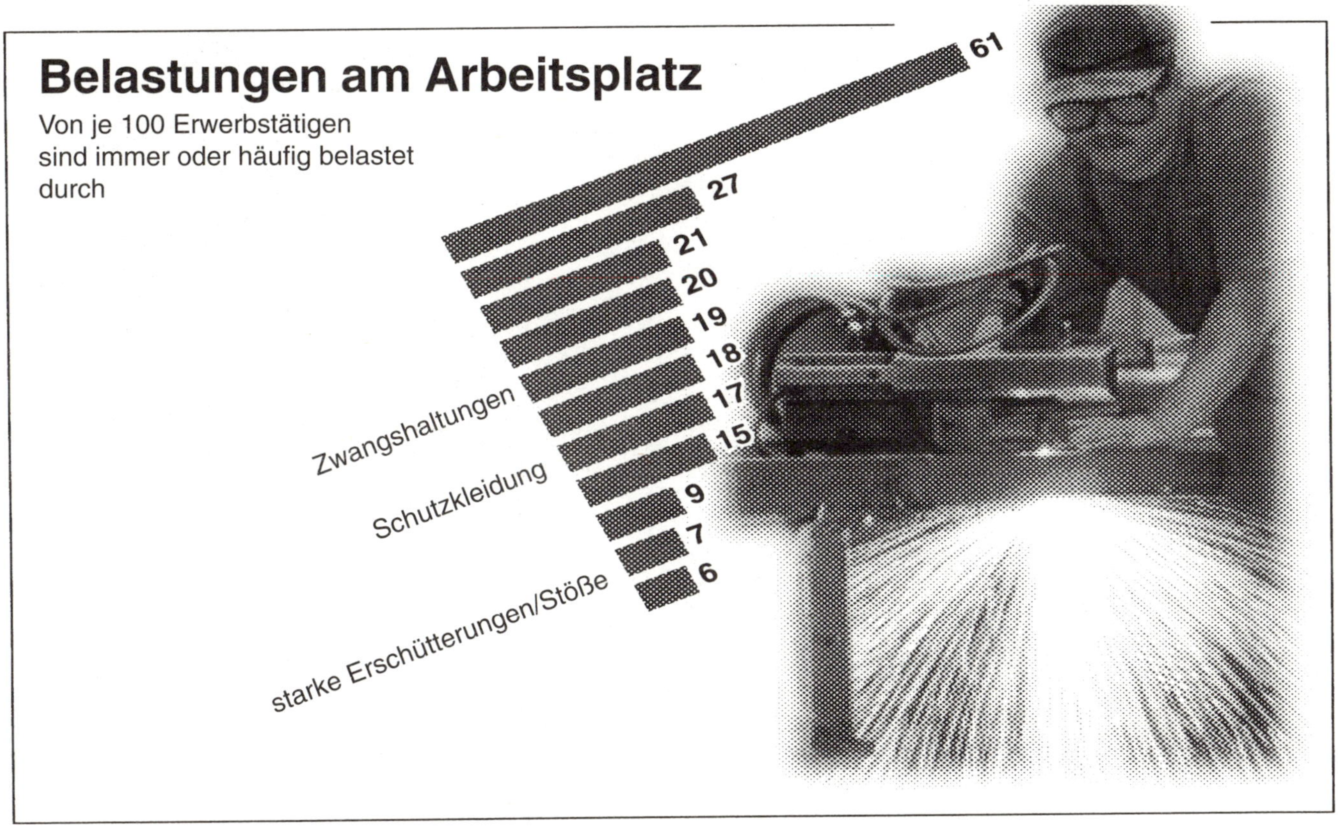

② Beurteile die Fälle mithilfe des Ausbildungsvertrages bzw. des Jugendarbeitsschutzgesetzes!

	Ja	Nein
❶ Franz soll wöchentlich den Privatwagen seines Chefs waschen. Darf er sich weigern?	O	O
❷ Heidi bekommt nach vier Monaten als Friseurin einen Hautauschlag, der sich als Allergie herausstellt. Sie kündigt, doch ihre Chefin besteht auf der Einhaltung der Lehrzeit. Darf Heidi kündigen?	O	O
❸ Michael weigert sich, den Boden der Werkzeughalle zu kehren. Er meint, das gehöre nicht zu seinen Aufgaben. Der Chef droht mit fristloser Kündigung. Darf er das?	O	O
❹ Karl-Hans muss aufgrund der guten Auftragslage diese Woche 44 Stunden arbeiten. Meister Hubel verspricht ihm dafür nächste Woche einen freien Tag. Ist das möglich?	O	O
❺ Liane meint, dass sie mit 18 Jahren Anrecht auf 30 Tage Urlaub habe. Stimmt das?	O	O
❻ Tobias lässt aus der Werkstatt einige Werkzeuge „mitgehen“. Seine Meister kündigt ihm fristlos. Darf er das?	O	O
❼ Elisabeth muss bis 20 Uhr arbeiten. Ihre Chefin verlangt, dass sie am nächsten Tag um 8 Uhr wieder anfangen solle. Elisabeth fühlt sich ungerecht behandelt. Stimmt das?	O	O
❽ Barbara wird seit einem Jahr in Herrn Hurlers Betrieb ausgebildet. Der Chef kündigt Barbara, weil er seinen Sohn einstellen will. Kann er das machen?	O	O
❾ Corinna arbeitet seit fünf Stunden an ihrem Werkstück. Erst wenn sie damit fertig sei, könne sie eine Pause machen, meint ihr Ausbilder. Corinna ist sauer. Zurecht?	O	O

Lösung:

Belastungen am Arbeitsplatz

① Setze in das Schaubild die fehlenden Belastungen am Arbeitsplatz ein!

> grelles Licht/schlechte Beleuchtung - gefährliche Stoffe/Strahlung - Arbeit im Stehen - Kälte/Nässe/ Zugluft - Lärm - Öl/Fett-Schmutz - Rauch/Gas/Stäube/Dämpfe - Heben/Tragen schwerer Lasten

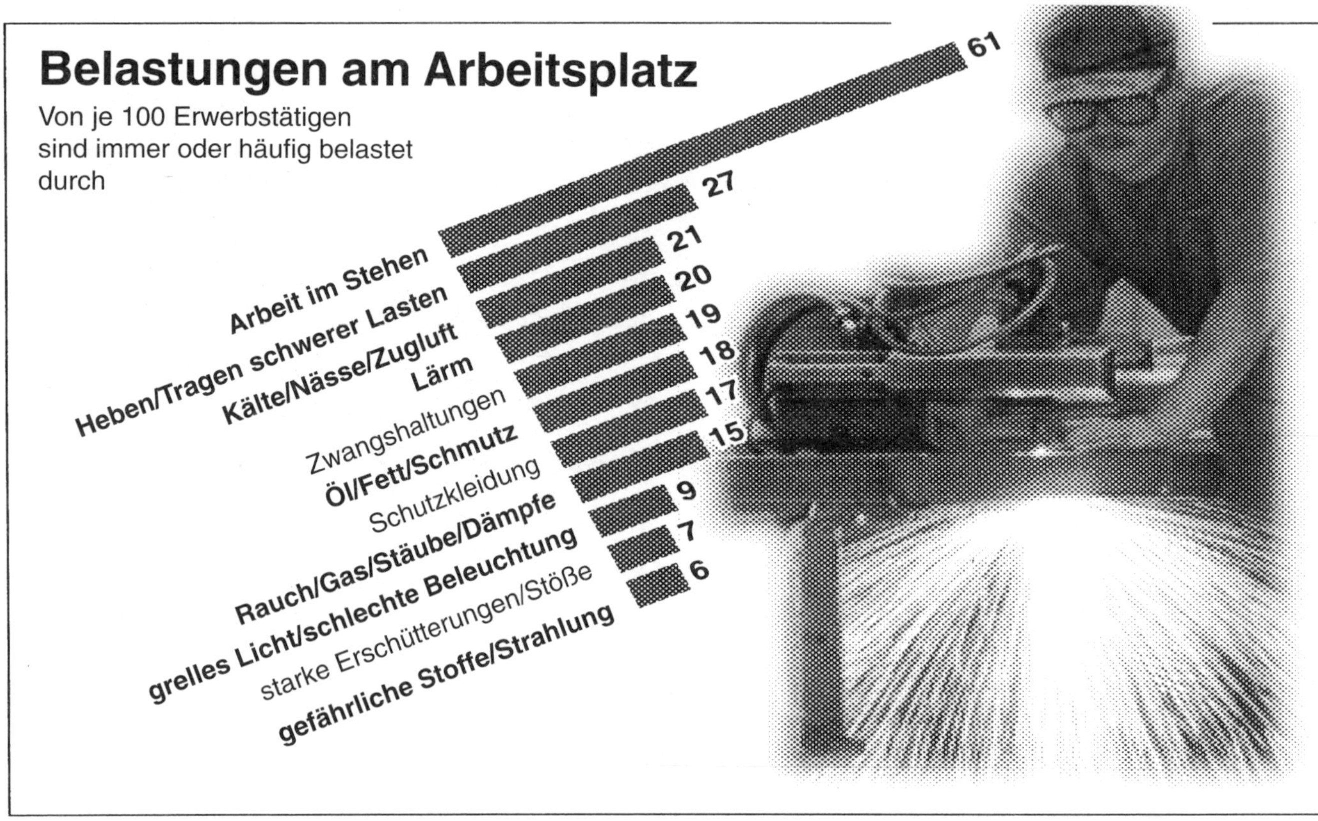

② Beurteile die Fälle mithilfe des Ausbildungsvertrages bzw. des Jugendarbeitsschutzgesetzes!

	Ja	Nein
❶ Franz soll wöchentlich den Privatwagen seines Chefs waschen. Darf er sich weigern?	●	O
❷ Heidi bekommt nach vier Monaten als Friseurin einen Hautauschlag, der sich als Allergie herausstellt. Sie kündigt, doch ihre Chefin besteht auf der Einhaltung der Lehrzeit. Darf Heidi kündigen?	●	O
❸ Michael weigert sich, den Boden der Werkzeughalle zu kehren. Er meint, das gehöre nicht zu seinen Aufgaben. Der Chef droht mit fristloser Kündigung. Darf er das?	●	O
❹ Karl-Hans muss aufgrund der guten Auftragslage diese Woche 44 Stunden arbeiten. Meister Hubel verspricht ihm dafür nächste Woche einen freien Tag. Ist das möglich?	O	●
❺ Liane meint, dass sie mit 18 Jahren Anrecht auf 30 Tage Urlaub habe. Stimmt das?	O	●
❻ Tobias lässt aus der Werkstatt einige Werkzeuge „mitgehen". Seine Meister kündigt ihm fristlos. Darf er das?	●	O
❼ Elisabeth muss bis 20 Uhr arbeiten. Ihre Chefin verlangt, dass sie am nächsten Tag um 8 Uhr wieder anfangen solle. Elisabeth fühlt sich ungerecht behandelt. Stimmt das?	O	●
❽ Barbara wird seit einem Jahr in Herrn Hurlers Betrieb ausgebildet. Der Chef kündigt Barbara, weil er seinen Sohn einstellen will. Kann er das machen?	O	●
❾ Corinna arbeitet seit fünf Stunden an ihrem Werkstück. Erst wenn sie damit fertig sei, könne sie eine Pause machen, meint ihr Ausbilder. Corinna ist sauer. Zurecht?	●	O

Arbeitslehre		

Arbeitswelt im Wandel (1)

① Ordne die Begriffe unten richtig in die Grafik ein!

Mehr Arbeitsplätze:
Einzelhandel - Beratung/Planung/Werbung - Medien/Kunst/Unterhaltung - Großhandel/Handelsvermittlung - Organisation/priv. Haushalte - Bildung/Wissenschaft/Kultur - Gaststätten/Beherberungsgewerbe - Gesundheits-/Veterniärwesen
Weniger Arbeitsplätze:
Eisenbahnen - Bauhauptgewerbe - verarbeitendes Gewerbe - Bergbau - Sozialversicherungen

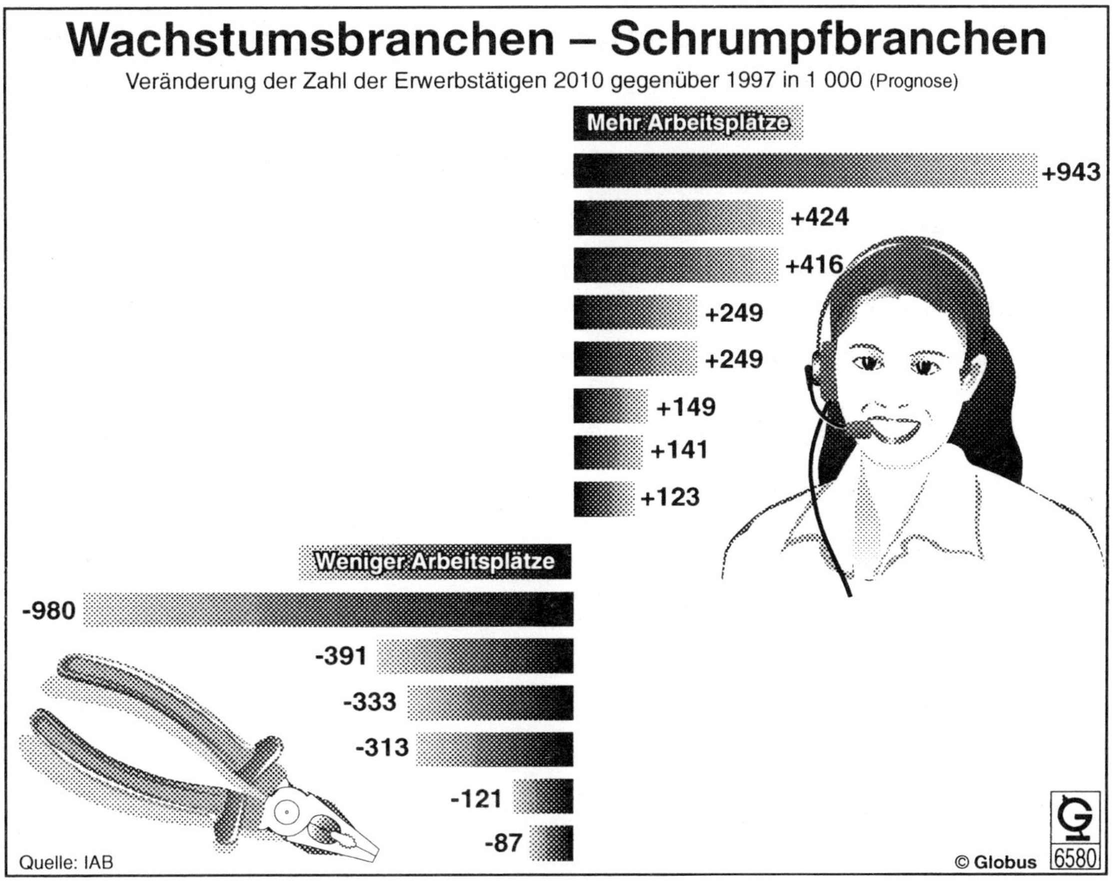

② Die verschlüsselten Begriffe unten gehören zum Wandel in der Arbeitswelt. Jeder Buchstabe hat dabei ein entsprechendes Symbol. Trage die Lösungen rechts ein! Die Anfangsbuchstaben helfen dir!

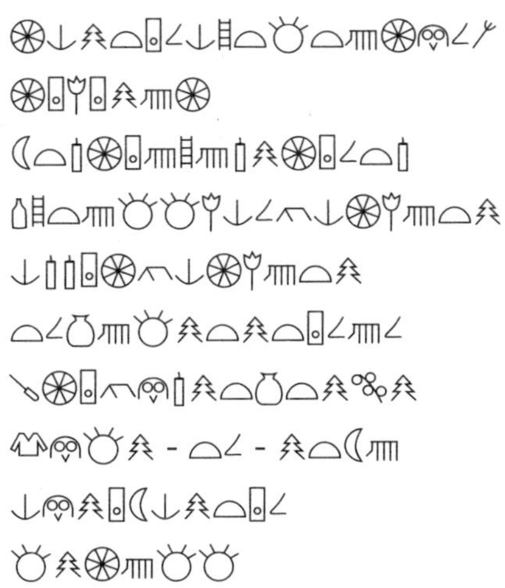

❶ R ____________________
❷ R ____________________
❸ M ____________________
❹ F ____________________
❺ A ____________________
❻ I ____________________
❼ P ____________________
❽ J ____________________
❾ A ____________________
❿ S ____________________

Lösung:

Arbeitswelt im Wandel (1)

① Ordne die Begriffe unten richtig in die Grafik ein!

Mehr Arbeitsplätze:
Einzelhandel - Beratung/Planung/Werbung - Medien/Kunst/Unterhaltung - Großhandel/Handelsvermittlung - Organisation/priv. Haushalte - Bildung/Wissenschaft/Kultur - Gaststätten/Beherberungsgewerbe - Gesundheits-/Veterniärwesen (freie Berufe)
Weniger Arbeitsplätze:
Eisenbahnen - Bauhauptgewerbe - Verarbeitendes Gewerbe - Bergbau - Sozialversicherung

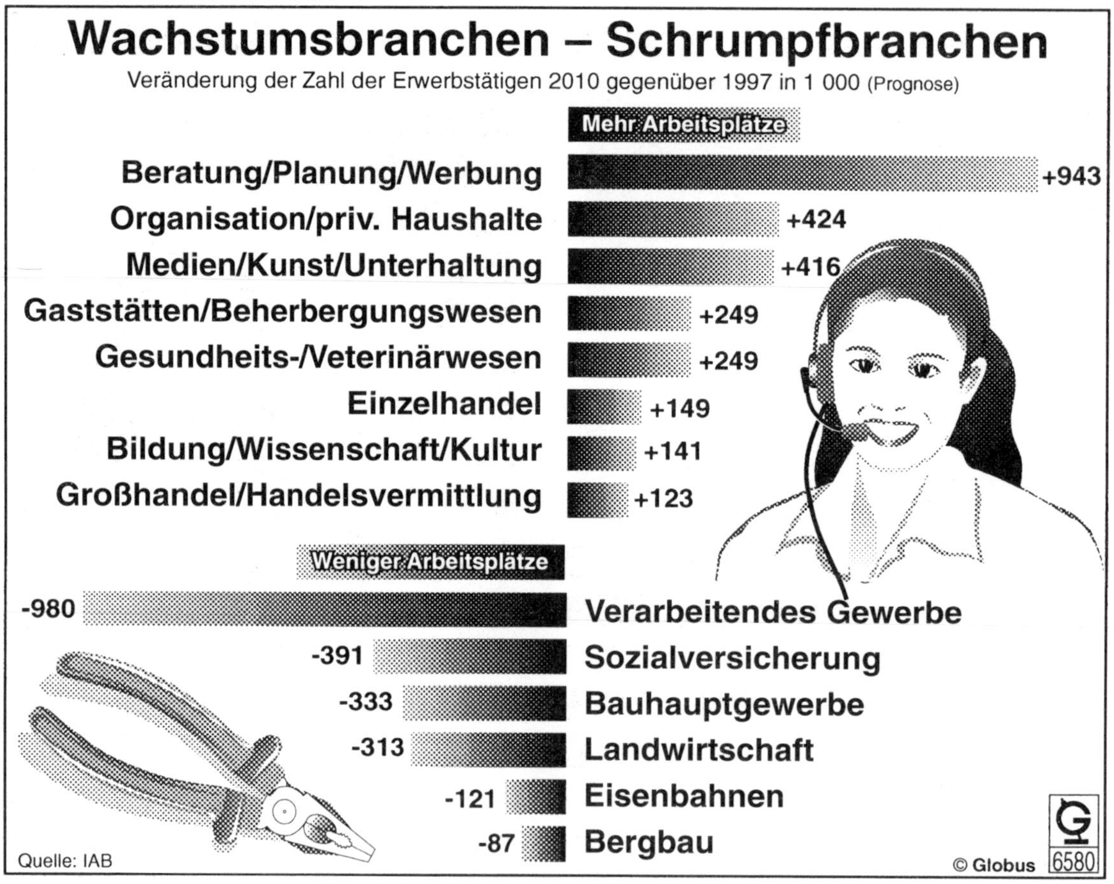

② Die verschlüsselten Begriffe unten gehören zum Wandel in der Arbeitswelt. Jeder Buchstabe hat dabei ein entsprechendes Symbol. Trage die Lösungen rechts ein! Die Anfangsbuchstaben helfen dir!

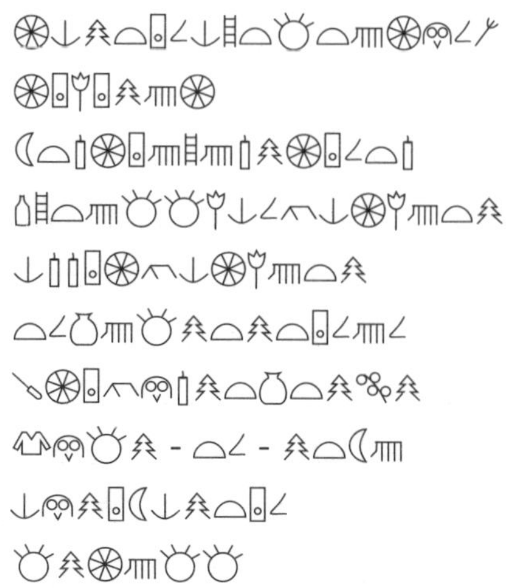

❶ R **ATIONALISIERUNG**
❷ R **OBOTER**
❸ M **IKROELEKTRONIK**
❹ F **LIESSBANDARBEIT**
❺ A **KKORDARBEIT**
❻ I **NVESTITIONEN**
❼ P **RODUKTIVITÄT**
❽ J **UST - IN - TIME**
❾ A **UTOMATION**
❿ S **TRESS**

Arbeitslehre		

Arbeitswelt im Wandel (2)

① Erkläre die Bedeutung der Karikatur unten!

② Übersetze folgende Abkürzungen:

- **CAD**
- **CAM**
- **CIM**

③ Dazu können Roboter beitragen:

1	2	3	4	5	6	7	8	9	10	11	12	13
H												G

1	2	3	4	5	6	7	8	9	10	11	12	13	14	15	16	17	18	19
Q									V			B						

1	2	3	4	5	6	7	8	9	10	11	12	13	14	15	16	17	18	19	20	21
K						R			Z		Ä									

④ Wo setzt man in der Medizin Bausteine der Mikroelektronik ein? Gib einige Beispiele!

⑤ Finde die acht sachlichen Veränderungen im Bild rechts heraus!

„Ich habe die Fehlerquelle gefunden: ein total veraltetes Einbauteil!“

Lösung:

Arbeitswelt im Wandel (2)

① Erkläre die Bedeutung der Karikatur unten!

Menschen fordern weniger Arbeitszeit (35-Stunden-Woche), während Computer - natürlich ironisch gemeint - Menschen fordern, die mit ihnen umgehen können. ➪ Ohne Computerkenntnisse geht heute nichts mehr.

② Übersetze folgende Abkürzungen:

- **CAD**
  Computer Aided Design
- **CAM**
  Comp. Aided Manufacturing
- **CIM**
  C. Integrated Manufacturing

③ Dazu können Roboter beitragen:

H U M A N I S I E R U N G

K O N K U R R E N Z F Ä H I G K E I T

Q U A L I T Ä T S V E R B E S S E R U N G

④ Wo setzt man in der Medizin Bausteine der Mikroelektronik ein? Gib einige Beispiele!

Computertomografie, Narkosegeräte, Sehhilfe, Analysengeräte, elektronisches Fieberthermometer, Puls- und Blutdruckmessung

⑤ Finde die acht sachlichen Veränderungen im Bild rechts heraus!

„Ich habe die Fehlerquelle gefunden: ein total veraltetes Einbauteil!"

Arbeitslehre

Lernzielkontrolle:

Beruf und Ausbildung (1)

① Warum arbeiten Menschen? (2)

② Zähle 10 Tätigkeitsmerkmale von Berufen auf! Suche zu jedem Bereich einen Beruf! (20)

③ Zähle 10 Berufsfelder auf! (10)

④ Finde weitere **sinnvolle** Möglichkeiten, Berufe zu ordnen! (3)

⑤ Wie heißen die vier Wirtschaftsbereiche? (4)

❶ U______________ ❷ P___________ ❸ H_____________ ❹ D__________________

⑥ Unterteile den ersten der vier Wirtschaftsbereiche in weitere Teilbereiche! (4)

⑦ Was soll die Grafik rechts ausdrücken? (4)

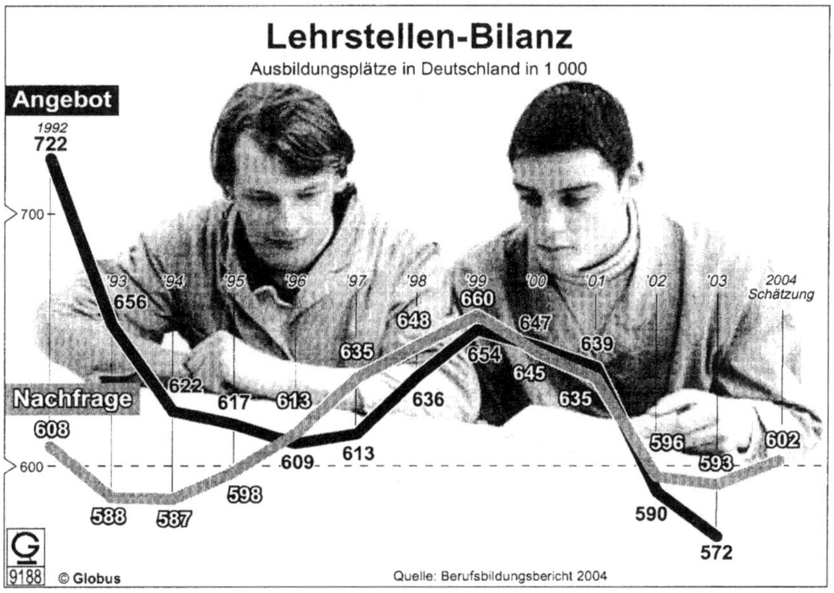

Lösung:

Lernzielkontrolle:

Beruf und Ausbildung (1)

① Warum arbeiten Menschen? (2)

Sicherung des Lebensunterhaltes, Schaffen von Werten, Spaß an der Arbeit

② Zähle 10 Tätigkeitsmerkmale von Berufen auf! Suche zu jedem Bereich einen Beruf! (20)

Material verarbeiten - Fleischer
Zusammenbauen, montieren - Fluggerätebauer
Gestalten - Schaufensterdekorateur
Bedienen/überwachen v. Maschinen/Anlagen - Verpackungsmittelmechaniker
Bebauen und züchten - Gärtner
Untersuchen und messen - Chemielaborant
Zeichnen und reproduzieren - Druckvorlagenhersteller
Bedienen und beraten - Einzelhandelskaufmann
Versorgen und betreuen - Hotelfachfrau
Wirtschaften - Bürokaufmann

③ Zähle 10 Berufsfelder auf! (10)

Bautechnik; Holztechnik; Metalltechnik; Ernährung, Gastgewerbe und Hauswirtschaft; Farbtechnik u. Gestaltung; Gesundheit u. Pflege; Elektrotechnik; Papier- u. Drucktechnik; Textiltechnik u. Bekleidung; Wirtschaft und Verwaltung; Agrarwirtschaft; Reinigung u. Wartung; öffentlicher Dienst; Glasgewerbe; Erziehung; Musik; Fahrzeugtechnik

④ Finde weitere **sinnvolle** Möglichkeiten, Berufe zu ordnen! (3)

Ordnen nach Wirtschaftsbereichen; Ordnen nach dem Grad der Vor- und Ausbildung; Ordnen nach dem Verdienst

⑤ Wie heißen die vier Wirtschaftsbereiche? (4)

❶ U**rproduktion** ❷ P**roduktion** ❸ H**andel** ❹ D**ienstleistungen**

⑥ Unterteile den ersten der vier Wirtschaftsbereiche in weitere Teilbereiche! (4)

Agrarwirtschaft, Fischerei, Bergbau, Holzwirtschaft, Energiewirtschaft

⑦ Was soll die Grafik rechts ausdrücken? (4)

Im Jahr 2004 gibt es bei uns in Deutschland nicht mehr genügend Lehrstellen. Die Lücke zwischen Angebot und Nachfrage wird immer größer. Vor allem im Osten spitzt sich die Situation immer dramatischer zu.

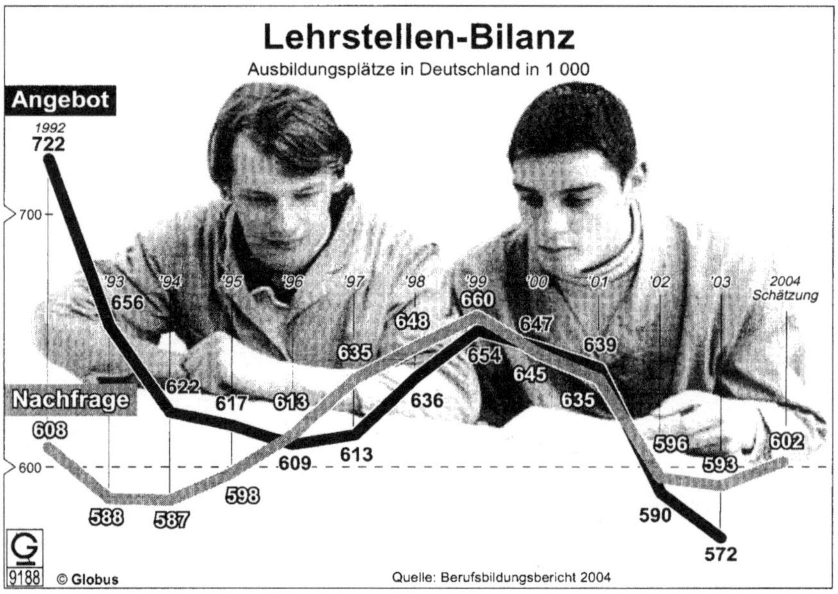

Arbeitslehre		

Lernzielkontrolle:

Beruf und Ausbildung (2)

① Was verstehst du unter dem „dualen System“? (2)

② Übersetze die Abkürzungen BGJ, BVJ und BFS! Erkläre genauer! (3+6)

③ Was heißt „Quabi“? Welche drei Voraussetzungen braucht der Hauptschulabsolvent zum Erwerb des Quabi? (2+3)

④ Zähle acht Punkte auf, die ein Berufsausbildungsvertrag enthält! (8)

⑤ Wie lange dauert die Probezeit? Kreuze an! (1)

O bis zu 16 Wochen O genau 9 Wochen O 4 bis 12 Wochen O ein halbes Jahr

⑥ Kreuze an, was das Jugendarbeitsschutzgesetz regelt! (7)

O Nikotin- und Alkoholgenuss
O gefährliche Arbeiten
O Mindesturlaub
O Beschäftigung an Sonn- und Feiertagen
O Nachtruhe
O Ausbildungszeit
O Betriebsgeheimnisse
O Ruhepausen
O Vergütung
O Berufsschule und Prüfungen
O überbetriebliche Ausbildungsmaßnahmen
O ärztliche Untersuchungen

⑦ Was verstehst du unter Schlüsselqualifikationen? Gib acht Beispiele! (8)

⑧ Erkläre, worum es in der Karikatur unten geht! (3)

⑨ Erkläre die Begriffe in Bezug auf die Berufswelt! (10)

- Mobilität:
- Rationalisierung:
- Just-in-time:
- Expansion:
- Investition:

Gesamtpunkte: 100

Lösung:

Lernzielkontrolle:

Beruf und Ausbildung (2)

① Was verstehst du unter dem „dualen System“? (2)

Parallele Ausbildung in Berufsschule und Betrieb

② Übersetze die Abkürzungen BGJ, BVJ und BFS! Erkläre genauer! (3+6)

BGJ = Berufsgrundschuljahr ➪ das 1. Ausbildungsjahr findet in der Berufsschule statt

BVJ = Berufsvorbereitungsjahr ➪ für Schüler ohne passende Arbeitsstelle

BFS = Berufsfachschule ➪ zwei- bis vierjährige Ausbildung in bestimmten Berufen

③ Was heißt „Quabi“? Welche drei Voraussetzungen braucht der Hauptschulabsolvent zum Erwerb des Quabi? (2+3)

Quabi = qualifizierter beruflicher Bildungsabschluss (entspricht der mittleren Reife);

Quali + Englisch mindestens Note 3 + Berufsschulabschluss mit Mindestschnitt 2,5

④ Zähle acht Punkte auf, die ein Berufsausbildungsvertrag enthält! (8)

Ausbildungsberuf, Ausbildungsdauer, Probezeit, Ausbildungsort, Höhe der Ausbildungsvergütung, Arbeitszeit, Urlaub, ergänzende Ausbildungsorte

⑤ Wie lange dauert die Probezeit? Kreuze an! (1)

O bis zu 16 Wochen O genau 9 Wochen ● 4 bis 12 Wochen O ein halbes Jahr

⑥ Kreuze an, was das Jugendarbeitsschutzgesetz regelt! (7)

O Nikotin- und Alkoholgenuss

● gefährliche Arbeiten

● Mindesturlaub

● Beschäftigung an Sonn- und Feiertagen

● Nachtruhe

O Ausbildungszeit

O Betriebsgeheimnisse

● Ruhepausen

O Vergütung

● Berufsschule und Prüfungen

O überbetriebliche Ausbildungsmaßnahmen

● ärztliche Untersuchungen

⑦ Was verstehst du unter Schlüsselqualifikationen? Gib acht Beispiele! (8)

selbständig arbeiten, zielgerichtet handeln, mit anderen kooperieren, Ergebnisse beurteilen, planen und organisieren, Eigeninitiative zeigen, logisch denken, Verantwortung übernehmen, Probleme erkennen, Lösungen finden, mit Kritik umgehen können

⑧ Erkläre, worum es in der Karikatur unten geht! (3)

Der Herr rechts wurde wegen Mobbings entlassen. Mobbing bedeutet ständiges Schickanieren von Kollegen am Arbeitsplatz, um sie von dort zu vertreiben.

⑨ Erkläre die Begriffe in Bezug auf die Berufswelt! (10)

- Mobilität: **berufliche/örtliche Beweglichkeit**
- Rationalisierung: **Einsparung von Zeit/Arbeitskräften**
- Just-in-time: **Rechtzeitige Aus-/Anlieferung von W.**
- Expansion: **Ausdehnung eines Betriebes**
- Investition: **Kapitalanlage, oft langfristig**

Gesamtpunkte: 100

Arbeitslehre

Entwicklung und Aufgaben des Geldes

① Die Entwicklung des Geldes kann man in sechs Stufen darstellen. Bringe die Krebswörter in die richtige Reihenfolge und ordne sie den Zeichnungen unten zu!

dleglarutaN **dleghcuB** **dlegreipaP** **deglllateM** **hcsuatlarutaN** **dlegznüM**

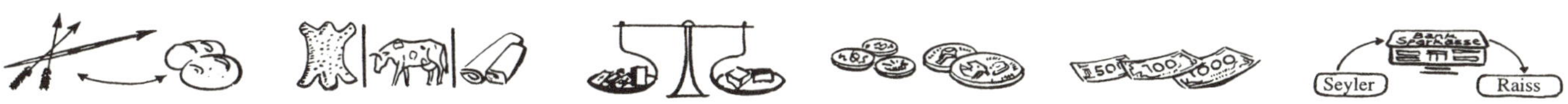

____________ ➪ ____________ ➪ ____________ ➪ ____________ ➪ ____________ ➪ ____________

② Was ist richtig? Kreuze an!

- O Buchgeld ist diebstahlsicher
- O Münzgeld besitzt keinen genauen Wert
- O Metallgeld war vor Betrug sicher
- O Naturalgeld war eine besonders begehrte Ware
- O Felle als Naturalgeld waren überall anerkannt
- O Bernstein war Naturalgeld
- O Beim Naturaltausch tauschte man Geld gegen Ware
- O Beim Naturaltausch war die Verderblichkeit der Ware ein Problem

③ Geld hat heute einige Vorteile. Finde sie heraus und setze sie unten ein!

❶
❷
❸
❹

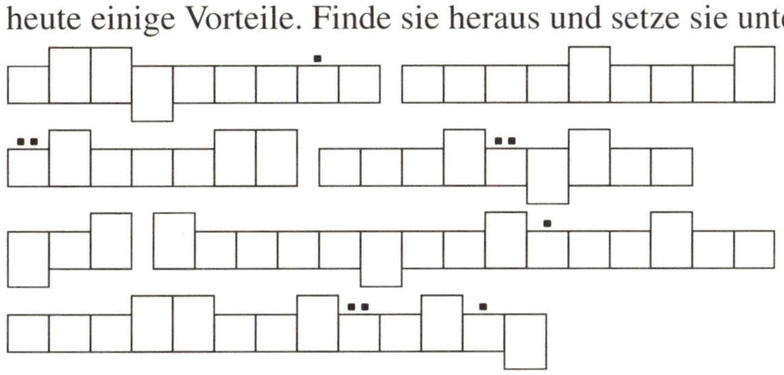

④ Unser Geld hat vier Aufgaben. Bringe die Silben in die richtige Reihenfolge!

1 tel - tausch - mit ____________________

2 ser - mes - wert ____________________

3 auf - wah - be - mit - wert - rungs - tel ____________________

4 ber - wert - gungs - tel - ü - tra - mit ____________________

⑤ Das rechte Bild unterscheidet sich vom linken Bild durch acht sachliche Veränderungen.

⑥ Welche beiden Zahlungsmittel sind unten abgebildet?

____

____

____

Lösung:

Entwicklung und Aufgaben des Geldes

① Die Entwicklung des Geldes kann man in sechs Stufen darstellen. Bringe die Krebswörter in die richtige Reihenfolge und ordne sie den Zeichnungen unten zu!

dleglarutaN **dleghcuB** **dlegreipaP** **dlegllateM** **hcsuatlarutaN** **dlegznüM**

Naturaltausch ⇨ **Naturalgeld** ⇨ **Metallgeld** ⇨ **Münzgeld** ⇨ **Papiergeld** ⇨ **Buchgeld**

② Was ist richtig? Kreuze an!

- ● Buchgeld ist diebstahlsicher
- O Münzgeld besitzt keinen genauen Wert
- O Metallgeld war vor Betrug sicher
- ● Naturalgeld war eine besonders begehrte Ware
- O Felle als Naturalgeld waren überall anerkannt
- ● Bernstein war Naturalgeld
- ● Beim Naturaltausch tauschte man Geld gegen Ware
- ● Beim Naturaltausch war die Verderblichkeit der Ware ein Problem

③ Geld hat heute einige Vorteile. Finde sie heraus und setze sie unten ein!

❶ a l l g e m e i n a n e r k a n n t

❷ ü b e r a l l v e r f ü g b a r

❸ g u t t r a n s p o r t i e r b a r

❹ w e r t b e s t ä n d i g

④ Unser Geld hat vier Aufgaben. Bringe die Silben in die richtige Reihenfolge!

1	tel - tausch - mit	**Tauschmittel**
2	ser - mes - wert	**Wertmesser**
3	auf - wah - be - mit - wert - rungs - tel	**Wertaufbewahrungsmittel**
4	ber - wert - gungs - tel - ü - tra - mit	**Wertübertragungsmittel**

⑤ Das rechte Bild unterscheidet sich vom linken Bild durch acht sachliche Veränderungen.

⑥ Welche beiden Zahlungsmittel sind unten abgebildet?

Münzgeld (Taler aus Silber)

Naturalgeld (Pottwalzahn an einer Kette)

Arbeitslehre		

Der Euro - unsere Währung

① Trage die zwölf Staaten der Eurozone in der richtigen Reihenfolge in die Grafik unten ein!

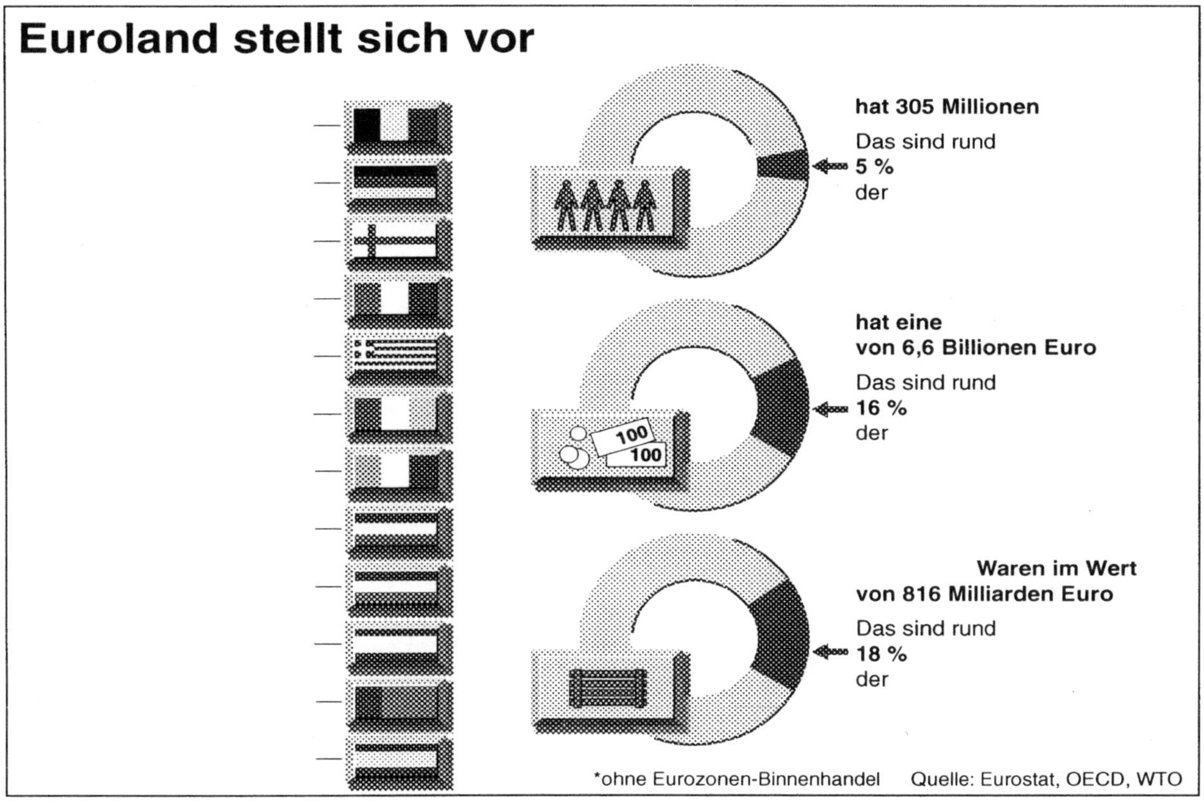

② Welche sechs Begriffe passen in die Grafik oben rechts? Trage sie ein!

③ Welche drei EU-Länder haben den Euro (noch) nicht eingeführt? Welche Währung gilt dort weiterhin?

____

④ Zähle die Wertigkeiten der acht Euro-Münzen und der sieben Euro-Geldscheine auf!

____

⑤ Welche sechs Sicherheitsmerkmale weisen die 50-Euro-Geldscheine auf?

❶ ____________________________

❷ ____________________________

❸ ____________________________

Im Gegenlicht als dunkle Linie sichtbar

❹ ____________________________

Ertastbare Bildelemente (Baumwollpapier)

❺ ____________________________

Beim Kippen erscheint ein Hologramm

❻ ____________________________

Beim Kippen wechselt die Farbe der Zahl

Lösung:

Der Euro - unsere Währung

① Trage die zwölf Staaten der Eurozone in der richtigen Reihenfolge in die Grafik unten ein!

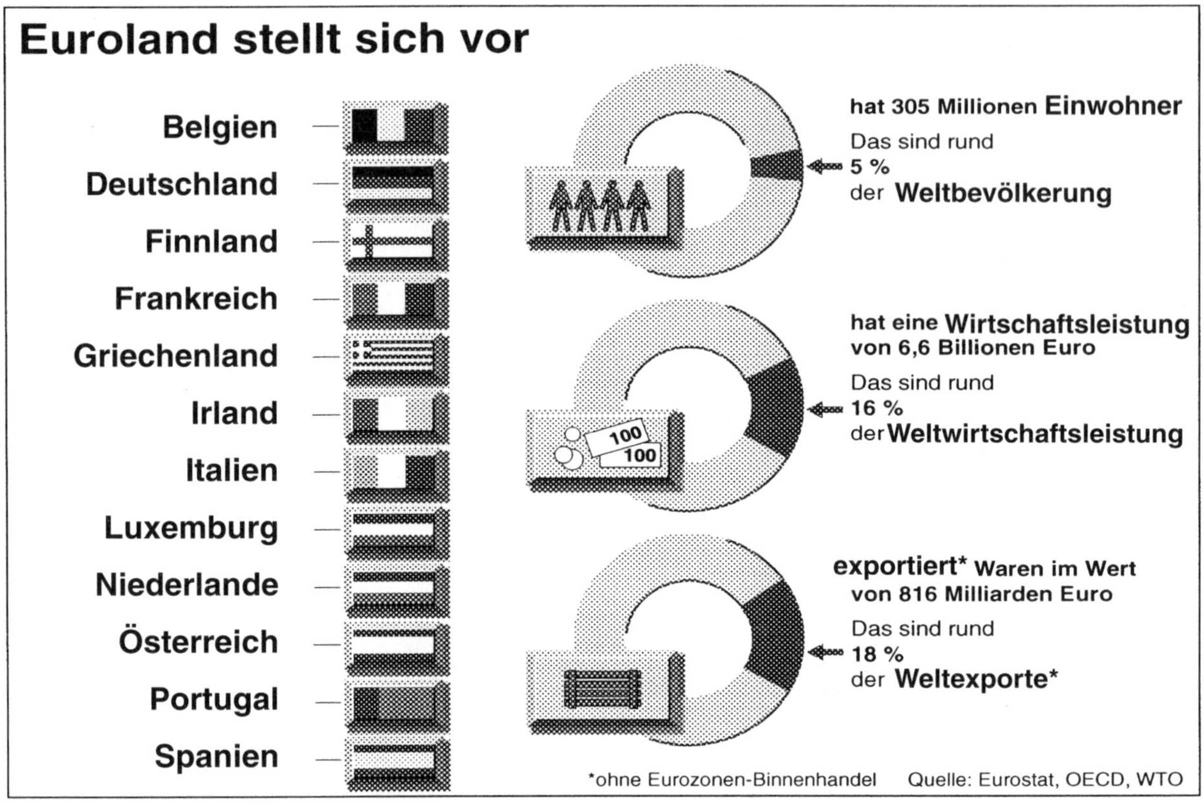

② Welche sechs Begriffe passen in die Grafik oben rechts? Trage sie ein!

③ Welche drei EU-Länder haben den Euro (noch) nicht eingeführt? Welche Währung gilt dort weiterhin?

Großbritannien (Engl. Pfund), Dänemark (Dän. Krone), Schweden (Schwed. Krone)

④ Zähle die Wertigkeiten der acht Euro-Münzen und der sieben Euro-Geldscheine auf!

Münzen: 1, 2, 5, 10, 20, 50 Cent, 1€, 2€; Scheine: 10€, 20€, 50€, 100€, 200€, 500€

⑤ Welche sechs Sicherheitsmerkmale weisen die 50-Euro-Geldscheine auf?

❶ **Durchsichtsregister**

❷ **Wasserzeichen**

❸ **Sicherheitsfaden**

Im Gegenlicht als dunkle Linie sichtbar

❹ **Stichtiefdruck**

Ertastbare Bildelemente (Baumwollpapier)

❺ **Spezialfolien-Element**

Beim Kippen erscheint ein Hologramm

❻ **Farbwechsel**

Beim Kippen wechselt die Farbe der Zahl

Arbeitslehre		

Die lange Entwicklung zum Euro

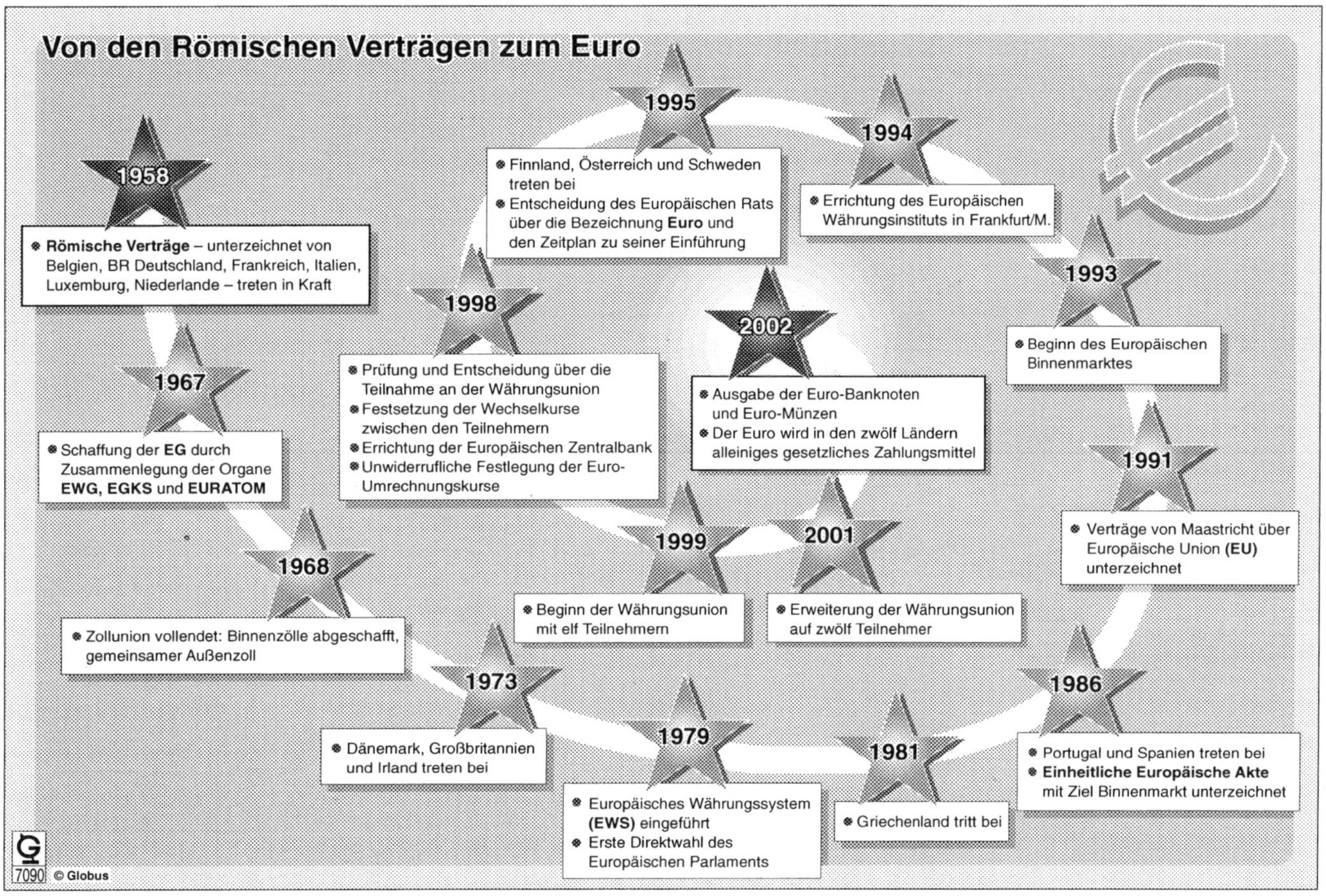

Beantworte folgende Fragen zur Grafik oben !

① Welche Länder unterzeichneten wann die Römischen Verträge?

____

② Wann begann die Währungsunion? Mit wie vielen Teilnehmern?

____

③ Wann traten welche Länder zuletzt der Währungsunion bei?

____

④ Kläre die Begriffe

❶ EG ____________________ ❷ EWG ____________________

❸ EU ____________________ ❹ EWS ____________________

❺ EURATOM ______________________________

❻ EGKS ______________________________

⑤ In welcher Stadt hat das Europäische Währungsinstitut seinen Sitz?

____

⑥ Wann wurde in wie vielen Ländern der Euro gesetzliches Zahlungsmittel?

____

⑦ Wann erfolgte die Abschaffung der DM?

____

Lösung:

Die lange Entwicklung zum Euro

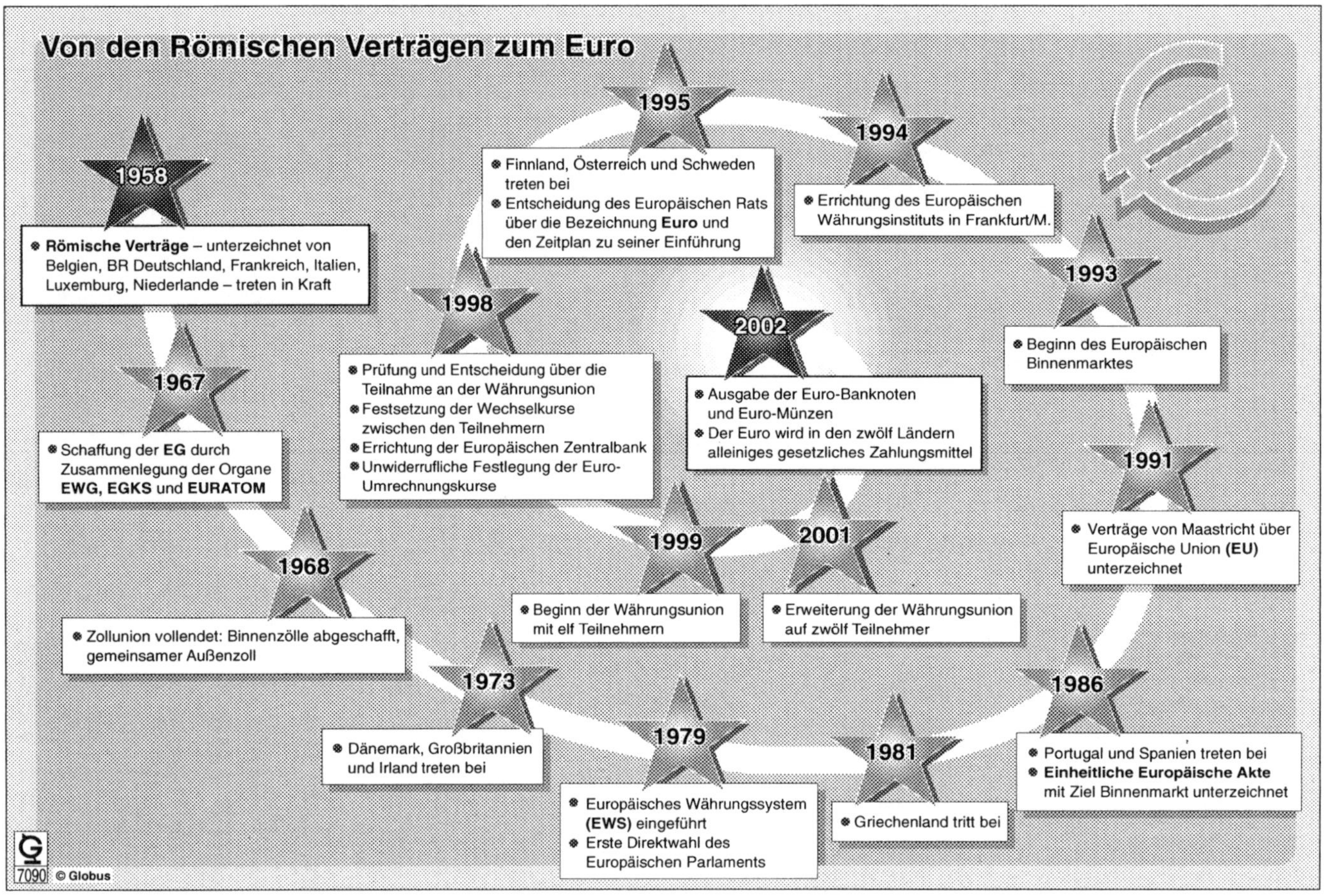

Beantworte folgende Fragen zur Grafik oben !

① Welche Länder unterzeichneten wann die Römischen Verträge?

Belgien, BR Deutschland, Frankreich, Italien, Luxemburg, Niederlande (1958)

② Wann begann die Währungsunion? Mit wie vielen Teilnehmern?

Elf Teilnehmer (1999)

③ Wann traten welche Länder zuletzt der Währungsunion bei?

Finnland, Österreich, Schweden (1995)

④ Kläre die Begriffe

❶ EG **Europäische Gemeinschaft** ❷ EWG **Europäische Wirtschaftsgemeinschaft**

❸ EU **Europäische Union** ❹ EWS **Europäisches Währungssystem**

❺ EURATOM **Europäische Organisation für Kernforschung**

❻ EGKS **Europäische Gemeinschaft für Kohle und Stahl (Montanunion)**

⑤ In welcher Stadt hat das Europäische Währungsinstitut seinen Sitz?

Frankfurt am Main

⑥ Wann wurde in wie vielen Ländern der Euro gesetzliches Zahlungsmittel?

Zwölf Länder (1. Januar 2002)

⑦ Wann erfolgte die Abschaffung der DM?

1. Juli 2002

Arbeitslehre		

Zehn Fragen rund um den Euro

① Wie sieht das Euro-Zeichen aus?

O E O e O Eu O € O Ê O É

② Wie ist das Umrechnungsverhältnis von Euro zu DM?

O 1:1,98553 O 1:1,95583 O 1:1,89553 O 1:1,33895

③ Was geschieht mit alten DM-Münzen und DM-Scheinen?

④ Kann man Euroschecks noch verwenden?

⑤ Wie lange sind Briefmarken mit DM-Aufdruck gültig?

⑥ Was passiert mit alten Telefonkarten?

⑦ Gelten deutsche Euro-Münzen auch im Ausland?

⑧ Werden Zigaretten teurer?

⑨ Welche Münzen steckt man in den Einkaufswagen?

⑩ Braucht man für die Euro-Geldscheine einen größeren Geldbeutel?

Lösung:

Zehn Fragen rund um den Euro

① Wie sieht das Euro-Zeichen aus?

O E　　O e　　O Eu　　● €　　O Ê　　O É

② Wie ist das Umrechnungsverhältnis von Euro zu DM?

O 1:1,98553　　● 1:1,95583　　O 1:1,89553　　O 1:1,33895

③ Was geschieht mit alten DM-Münzen und DM-Scheinen?

Die Münzen werden eingeschmolzen und zum Teil als Euros und Cents wiederverwertet. Alte DM-Scheine werden geschreddert und danach größtenteils recycelt. Sie werden später zum Beispiel bei der Baustoffherstellung verwendet.

④ Kann man Euroschecks noch verwenden?

Man kann sie zwar weiterhin verwenden, aber seit dem 1. Januar 2002 hat der Scheck-Empfänger keine Garantie mehr dafür, dass er pro Scheck umgerechnet 400 DM bekommt, wenn die dazugehörige EC-Karte vorgelegt wird.

⑤ Wie lange sind Briefmarken mit DM-Aufdruck gültig?

Bis zum 30. Juli 2002 waren Briefmarken mit DM-Aufdruck gültig. Bis zum Ende des Jahres 2002 Umtausch möglich. Danach haben Briefmarken mit DM-Aufdruck nur noch Sammlerwert.

⑥ Was passiert mit alten Telefonkarten?

Telefonkarten können bis zu dem angegebenen Gültigkeitsdatum verwendet werden. Das Restguthaben wird automatisch in Euro angezeigt.

⑦ Gelten deutsche Euro-Münzen auch im Ausland?

In allen zwölf Euro-Ländern kann mit deutschen Euro-Münzen und Euro-Scheinen bezahlt werden.

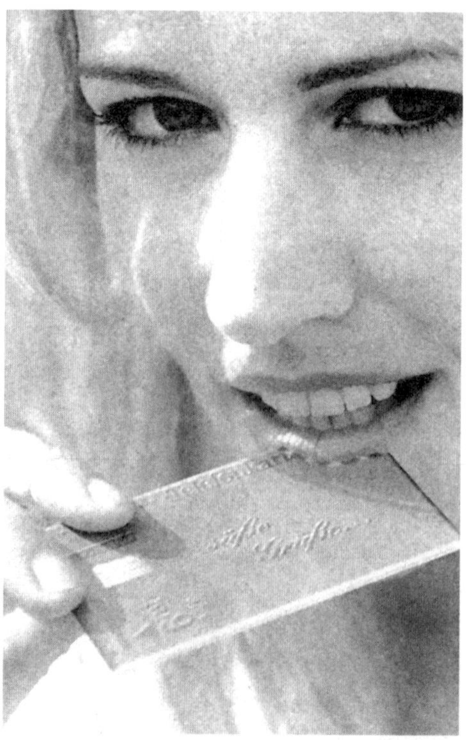

⑧ Werden Zigaretten teurer?

Ab 1. Januar 2002 kosten die Zigaretten zur Zeit 3 €, allerdings mit einer Zigarette weniger in der Packung. Damit wird das Rauchen um rund einen halben Cent pro Zigarette teurer.

⑨ Welche Münzen steckt man in den Einkaufswagen?

Nach der Umrüstung können in allen Einkaufswagen 1- und 2-Euro-Stücke verwendet werden.

⑩ Braucht man für die Euro-Geldscheine einen größeren Geldbeutel?

Nein, denn obwohl die Euro-Scheine etwas höher und etwas kürzer sind, passen sie auch in die alten Geldbeutel.

Arbeitslehre		

Geldinstitute und ihre Aufgaben

① Es gibt vier Gruppen von Geldinstituten. Verbinde die Angaben unten richtig!

Genossenschaftsbanken	Sparkassen
	Bausparkassen
Öffentlich-rechtliche Banken	Volksbanken
	Dresdner Banken
Private Kreditbanken	Postbanken
	Raiffeisenbanken
Spezialbanken	Bodenkreditbanken

② Die Zeichnungen rechts unten zeigen die drei Hauptaufgaben von Geldinstituten. Zähle sie auf!

❶ ______________________________

❷ ______________________________

❸ ______________________________

③ Ordne die Begriffe unten den drei Aufgaben von oben zu! Schreibe sie geordnet in die Tabelle unten!

Kleinkredit - Spareinlage - Scheck - Schließfachvermietung - Festgeld - Überweisung - Pfandbrief - Realkredit - Aktie - Bausparen - Dauerauftrag - Depot - Bundesschatzbrief - Personalkredit - Ankauf von Gold - Lastschrift - Münzverkauf - Kreditkarte - Sparbrief - Zahlschein

❶	❷	❸

④ Wo hat die Bundeszentralbank ihren Sitz?

O München O Berlin O Frankfurt am Main O Köln O Hamburg

⑤ Wie viele Landeszentralbanken gibt es in Deutschland?

O 4 O 12 O 16 O 55 O 250 O 2510

⑥ Dienstleistungen kosten Geld. Wie können Geldinstitute diese Kosten aufbringen?

____

____

____

Lösung:

Geldinstitute und ihre Aufgaben

① Es gibt vier Gruppen von Geldinstituten. Verbinde die Angaben unten richtig!

Genossenschaftsbanken	Sparkassen
	Bausparkassen
Öffentlich-rechtliche Banken	Volksbanken
	Dresdner Banken
Private Kreditbanken	Postbanken
	Raiffeisenbanken
Spezialbanken	Bodenkreditbanken

② Die Zeichnungen rechts unten zeigen die drei Hauptaufgaben von Geldinstituten. Zähle sie auf!

❶ **Sammeln und Verwalten von Geld**

❷ **Ausleihen von Geld**

❸ **Bieten von Dienstleistungen**

③ Ordne die Begriffe unten den drei Aufgaben von oben zu! Schreibe sie geordnet in die Tabelle unten!

Kleinkredit - Spareinlage - Scheck - Schließfachvermietung - Festgeld - Überweisung - Pfandbrief - Realkredit - Aktie - Bausparen - Dauerauftrag - Depot - Bundesschatzbrief - Personalkredit - Ankauf von Gold - Lastschrift - Münzverkauf - Kreditkarte - Sparbrief - Zahlschein

❶	❷	❸
Spareinlage	**Personalkredit**	**Schließfachvermietung**
Festgeld	**Kleinkredit**	**Münzverkauf**
Bausparen	**Realkredit**	**Überweisung, Zahlschein**
Sparbrief		**Dauerauftrag, Lastschrift**
Bundesschatzbrief		**Scheck**
Pfandbrief		**Ankauf von Gold**
Aktie		**Depot**
		Kreditkarte

④ Wo hat die Bundeszentralbank ihren Sitz?

O München   O Berlin   ● Frankfurt am Main   O Köln   O Hamburg

⑤ Wie viele Landeszentralbanken gibt es in Deutschland?

O 4   O 12   ● 16   O 55   O 250   O 2510

⑥ Dienstleistungen kosten Geld. Wie können Geldinstitute diese Kosten aufbringen?

Hauptsächlich „leben“ Banken von der Differenz zwischen (niedrigen) Spar- und (hohen) Darlehenszinsen. Dazu kommen Gebühren beim Giralverkehr, Depot- und Schließfachkosten.

Arbeitslehre		

Bargeldloser Zahlungsverkehr (1)

① Kannst du die Geheimschrift lesen? In ihr werden Möglichkeiten des bargeldlosen Zahlungsverkehrs beschrieben. Ein Buchstabe ist dabei entschlüsselt. Vielleicht hilft er dir weiter!

❶  ______________________

❷  ______________________

❸  ______________________

❹  ______________________

❺  ______________________

② Wozu dient das Girokonto?

O Sparkonto O Kreditkonto O Bargeldloser Zahlungsverkehr

③ Wie steht es mit der Verzinsung von Guthaben auf einem Girokonto?

____

④ Girokonten bringen viele Vorteile. Zähle fünf davon auf!

____

____

____

⑤ Wie unterscheiden sich Lastschrift und Dauerauftrag?

❶ Lastschrift: ____

____

❷ Dauerauftrag: ____

____

⑥ Wo braucht man eine Einzugsermächtigung?

O Überweisung O Dauerauftrag O Lastschrift O Scheck

⑦ Setze richtig ein: Dauerauftrag, Lastschrift oder Überweisung?

- Monatliche Miete von 450 Euro ______________________
- Reparatur des Computers von 195,53 Euro ______________________
- Vierteljährliche Stromrechnung über 125,50 Euro ______________________
- Monatliche Sparrate von 100 Euro ______________________
- Telefonkosten von 53,56 Euro ______________________
- Rechnung einer Möbelfirma über 546 Euro ______________________
- Monatliche Gasrechnung über 85,67 Euro ______________________
- Zweimonatliche Wasserrechnung über 75 Euro ______________________
- Rechnung einer Autofirma über 105 Euro ______________________

⑧ Wozu sind Kontoauszüge gut?

____

____

⑨ Was bedeutet der Begriff „Soll"?

O Aufforderung zur Zahlung O Guthaben O Schulden O Zinszahlung

Lösung:

Bargeldloser Zahlungsverkehr (1)

① Kannst du die Geheimschrift lesen? In ihr werden Möglichkeiten des bargeldlosen Zahlungsverkehrs beschrieben. Ein Buchstabe ist dabei entschlüsselt. Vielleicht hilft er dir weiter!

❶ **Verrechnungsscheck**

❷ **Lastschrift**

❸ **Dauerauftrag**

❹ **Überweisung**

❺ **Wechsel**

② Wozu dient das Girokonto?

O Sparkonto O Kreditkonto ● Bargeldloser Zahlungsverkehr

③ Wie steht es mit der Verzinsung von Guthaben auf einem Girokonto?

Sehr geringe Verzinsung (zumeist nur 0,5 %)

④ Girokonten bringen viele Vorteile. Zähle fünf davon auf!

Die Zahlungen können schnell, pünktlich und sicher erfogen. Auch in Abwesenheit des Empfängers sind Zahlungen möglich. Dabei fallen nur geringe Gebühren an. Zudem sind durch Kontoauszüge genaue Kontrollen möglich.

⑤ Wie unterscheiden sich Lastschrift und Dauerauftrag?

❶ Lastschrift: **Zahlungen in regelmäßig wiederkehrenden Abständen mit jeweils gleichbleibenden Beträgen**

❷ Dauerauftrag: **Regelmäßig wiederkehrende Zahlungen mit unterschiedlicher Betragshöhe**

⑥ Wo braucht man eine Einzugsermächtigung?

O Überweisung O Dauerauftrag ● Lastschrift O Scheck

⑦ Setze richtig ein: Dauerauftrag, Lastschrift oder Überweisung?

- Monatliche Miete von 450 Euro — **Dauerauftrag**
- Reparatur des Computers von 195,53 Euro — **Überweisung**
- Vierteljährliche Stromrechnung über 125,50 Euro — **Lastschrift**
- Monatliche Sparrate von 100 Euro — **Dauerauftrag**
- Telefonkosten von 53,56 Euro — **Lastschrift**
- Rechnung einer Möbelfirma über 546 Euro — **Überweisung**
- Monatliche Gasrechnung über 85,67 Euro — **Lastschrift**
- Zweimonatliche Wasserrechnung über 75 Euro — **Lastschrift**
- Rechnung einer Autofirma über 105 Euro — **Überweisung**

⑧ Wozu sind Kontoauszüge gut?

Durch die Kontoauszüge ist der Kontoinhaber über Veränderungen auf seinem Konto genauestens informiert.

⑨ Was bedeutet der Begriff „Soll“?

O Aufforderung zur Zahlung O Guthaben ● Schulden O Zinszahlung

Arbeitslehre

Bargeldloser Zahlungsverkehr (2)

① Bei der Überweisung unten ist so ziemlich alles durcheinander geraten. Stelle im zweiten Überweisungsauftrag richtig!

Überweisungsauftrag an 722 901 00

Raiffeisen-Volksbank Donauwörth eG
86609 Donauwörth

Empfänger: Name, Vorname/Firma (max. 27 Stellen)
Rechnung Nr. 4532 vom 23. Februar 2002

Konto-Nr. des Empfängers
Kundennummer 1357

Achtung: Deutlich schreiben!
Beleg wird maschinell gelesen.

Bankleitzahl
3215189

bei (Kreditinstitut)
Karl-Hans Seyler

* Bitte immer ausfüllen! ▶ DM od. EUR* 157 Betrag EUR

Kunden-Referenznummer - noch Verwendungszweck, ggf. Name und Anschrift des Auftraggebers - (nur für Empfänger)
Raiffeisenbank Mertingen

noch Verwendungszweck (insgesamt max. 2 Zeilen à 27 Stellen)

Kontoinhaber: Name, Vorname/Firma, Ort (max. 27 Stellen, keine Straßen- oder Postfachangaben)
0035734

Konto-Nr. des Kontoinhabers
25. Februar 2002

20

Schreibmaschine: normale Schreibweise!
Handschrift: Blockschrift in GROSSBUCHSTABEN, und dabei Kästchen beachten!

Wegen maschineller Lesung Namenszug NICHT über Balken hinausziehen!

72290100 Möbelhaus Schmid
Datum Unterschrift

Überweisungsauftrag an 722 901 00

Raiffeisen-Volksbank Donauwörth eG
86609 Donauwörth

Empfänger: Name, Vorname/Firma (max. 27 Stellen)

Konto-Nr. des Empfängers

Achtung: Deutlich schreiben!
Beleg wird maschinell gelesen.

Bankleitzahl

bei (Kreditinstitut)

* Bitte immer ausfüllen! ▶ DM od. EUR* Betrag

Kunden-Referenznummer - noch Verwendungszweck, ggf. Name und Anschrift des Auftraggebers - (nur für Empfänger)

noch Verwendungszweck (insgesamt max. 2 Zeilen à 27 Stellen)

Kontoinhaber: Name, Vorname/Firma, Ort (max. 27 Stellen, keine Straßen- oder Postfachangaben)

Konto-Nr. des Kontoinhabers

20

Schreibmaschine: normale Schreibweise!
Handschrift: Blockschrift in GROSSBUCHSTABEN, und dabei Kästchen beachten!

Wegen maschineller Lesung Namenszug NICHT über Balken hinausziehen!

Datum Unterschrift

② Aus wie vielen Teilen besteht ein Überweisungsauftrag?

Lösung:

Bargeldloser Zahlungsverkehr (2)

① Bei der Überweisung unten ist so ziemlich alles durcheinander geraten. Stelle im zweiten Überweisungsauftrag richtig!

Überweisungsauftrag an **722 901 00**

Raiffeisen-Volksbank Donauwörth eG
86609 Donauwörth

Empfänger: Name, Vorname/Firma (max. 27 Stellen)
Rechnung Nr. 4532 vom 23. Februar 2002

Konto-Nr. des Empfängers
Kundennummer 1357

Achtung: Deutlich schreiben! Beleg wird maschinell gelesen.

Bankleitzahl
3215189

bei (Kreditinstitut)
Karl-Hans Seyler

* Bitte immer ausfüllen! ▶ DM od. EUR*: 157 | Betrag: EUR

Kunden-Referenznummer - noch Verwendungszweck, ggf. Name und Anschrift des Auftraggebers - (nur für Empfänger)
Raiffeisenbank Mertingen

noch Verwendungszweck (insgesamt max. 2 Zeilen à 27 Stellen)

Kontoinhaber: Name, Vorname/Firma, Ort (max. 27 Stellen, keine Straßen- oder Postfachangaben)
0035734

Konto-Nr. des Kontoinhabers
25. 02. 02

20

Schreibmaschine: normale Schreibweise! Handschrift: Blockschrift in GROSSBUCHSTABEN, und dabei Kästchen beachten!

Wegen maschineller Lesung Namenszug NICHT über Balken hinausziehen!

72290100 — Fa. Schmid, Mertingen

Datum — Unterschrift

Überweisungsauftrag an **722 901 00**

Raiffeisen-Volksbank Donauwörth eG
86609 Donauwörth

Empfänger: Name, Vorname/Firma (max. 27 Stellen)
Fa. Schmid, Mertingen

Konto-Nr. des Empfängers
0035734

Achtung: Deutlich schreiben! Beleg wird maschinell gelesen.

Bankleitzahl
72290100

bei (Kreditinstitut)
Raiffeisenbank Mertingen

* Bitte immer ausfüllen! ▶ DM od. EUR*: EUR | Betrag: 157 ——

Kunden-Referenznummer - noch Verwendungszweck, ggf. Name und Anschrift des Auftraggebers - (nur für Empfänger)
Rechnung Nr. 4532 vom 23. Februar 2002

noch Verwendungszweck (insgesamt max. 2 Zeilen à 27 Stellen)
Kundennummer 1357

Kontoinhaber: Name, Vorname/Firma, Ort (max. 27 Stellen, keine Straßen- oder Postfachangaben)
Karl-Hans Seyler

Konto-Nr. des Kontoinhabers
3215189

20

Schreibmaschine: normale Schreibweise! Handschrift: Blockschrift in GROSSBUCHSTABEN, und dabei Kästchen beachten!

Wegen maschineller Lesung Namenszug NICHT über Balken hinausziehen!

25. 02. 02

Datum — Unterschrift

② Aus wie vielen Teilen besteht ein Überweisungsauftrag?

Er besteht aus zwei Teilen. Der Durchschlag ist für den Aussteller.

Arbeitslehre		

Bargeldloser Zahlungsverkehr (3)

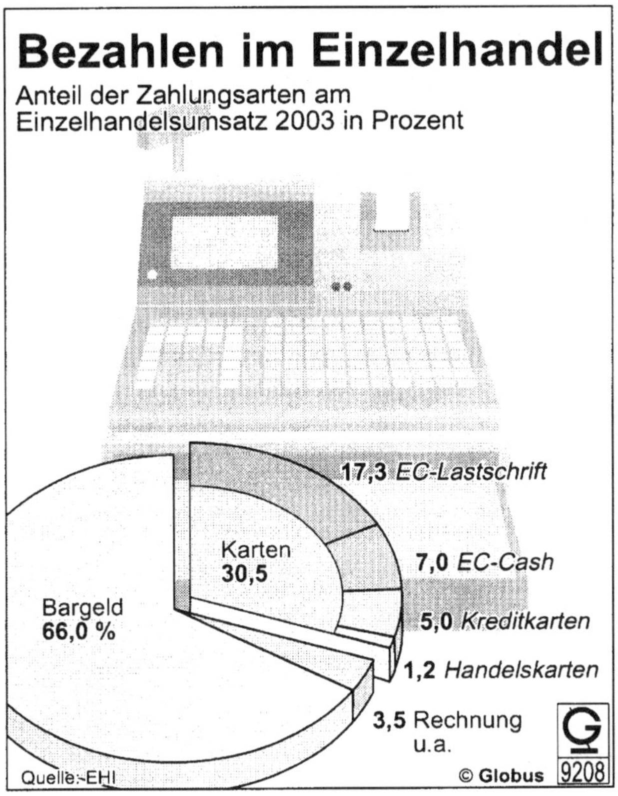

① Finde Ursachen für den ec-Karten-Boom heraus!

② Warum werden die bisherigen Scheckvordrucke von Gewerbetreibenden nur noch sehr selten akzeptiert?

③ Finde fünf Vorteile des bargeldlosen Zahlungsverkehrs heraus! Die Wörter sind dabei durcheinander geraten!

Sicherheit - pünktliche - Einsparung - exakte - von - Erledigung - hohe - Zahlungen - Zeit - durch - von - Lastschriftverfahren - Nachprüfbarkeit - Abwicklung - und - von - Abwesenheit - Dauerauftrag - und - auch - Zahlungen - in - Weg

④ Schreibe die Wörter von Aufgabe ③ hier geordnet auf!

⑤ Löse das Treppenrätsel unten!

P	Persönliche Geheimzahl
G	Konto für bargeldlosen Zahlungsverkehr
M	Gerät zur Datenübertragung über Fernsprechleitungen
S	Preisnachlass
S	Möglichkeit der bargeldlosen Zahlung (Mz)
E	Vorwiegend in Europa verwendete Geldkarte
M	Teil der GeldKarte
H	Ständige Belastung (Mz)
H	Erledigung der Bankgeschäfte von Zuhause
D	Regelmäßige bargeldlose Zahlung
D	Kreditart, die mit Wechseln zu tun hat
M	Streifen, den der Kartenautomat abliest

Lösung:

Bargeldloser Zahlungsverkehr (3)

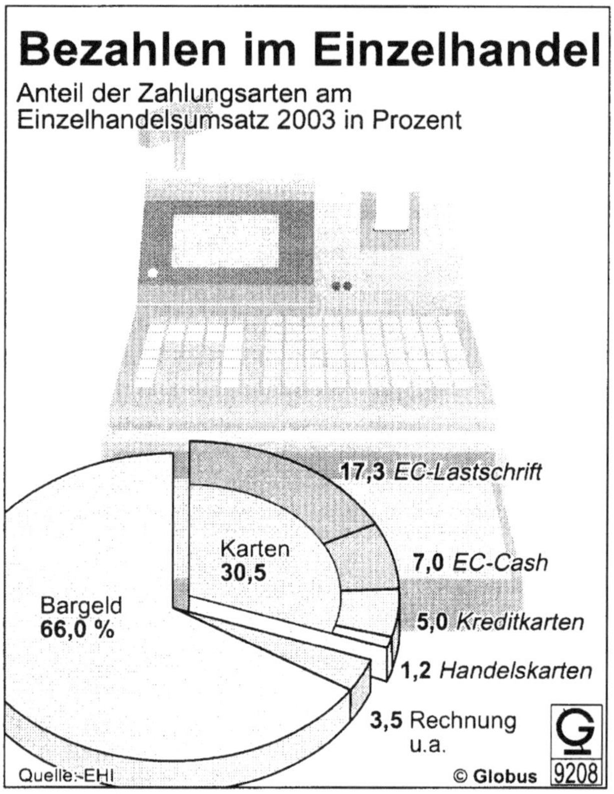

① Finde Ursachen für den ec-Karten-Boom heraus!

Sofort zahlungsfähig - keine Zahlungshöchstgrenzen bei ausreichender Kontodeckung - bequem - mehr Sicherheit bei Diebstahl - geringe Kosten

② Warum werden die bisherigen Scheckvordrucke von Gewerbetreibenden nur noch sehr selten akzeptiert?

Die Garantie der Banken bei Scheckeinlösung fehlt. Die bisherige Garantie der Banken lag bei 200 €.

③ Finde fünf Vorteile des bargeldlosen Zahlungsverkehrs heraus! Die Wörter sind dabei durcheinander geraten!

Sicherheit - pünktliche - Einsparung - exakte - von - Erledigung - hohe - Zahlungen - Zeit - durch - von - Lastschriftverfahren - Nachprüfbarkeit - Abwicklung - und - von - Abwesenheit - Dauerauftrag - und - auch - Zahlungen - in - Weg

④ Schreibe die Wörter von Aufgabe ③ hier geordnet auf!

hohe Sicherheit - Einsparung von Zeit und Weg durch Lastschriftverfahren und Dauerauftrag - pünktliche Erledigung von Zahlungen - exakte Nachprüfbarkeit - Abwicklung von Zahlungen auch in Abwesenheit

⑤ Löse das Treppenrätsel unten!

P	I	N												Persönliche Geheimzahl
G	I	R	O											Konto für bargeldlosen Zahlungsverkehr
M	O	D	E	M										Gerät zur Datenübertragung über Fernsprechleitungen
S	K	O	N	T	O									Preisnachlass
S	C	H	E	C	K	S								Möglichkeit der bargeldlosen Zahlung (Mz)
E	U	R	O	C	A	R	D							Vorwiegend in Europa verwendete Geldkarte
M	I	K	R	O	C	H	I	P						Teil der GeldKarte
H	Y	P	O	T	H	E	K	E	N					Ständige Belastung (Mz)
H	O	M	E	B	A	N	K	I	N	G				Erledigung der Bankgeschäfte von Zuhause
D	A	U	E	R	A	U	F	T	R	A	G			Regelmäßige bargeldlose Zahlung
D	I	S	K	O	N	T	K	R	E	D	I	T		Kreditart, die mit Wechseln zu tun hat
M	A	G	N	E	T	S	T	R	E	I	F	E	N	Streifen, den der Kartenautomat abliest

Arbeitslehre

Kredite - gefährlich?

① Die Informationen in den vier Kästchen stimmen. Dazwischen aber ist einiges durcheinander geraten. Streiche durch und stelle richtig!

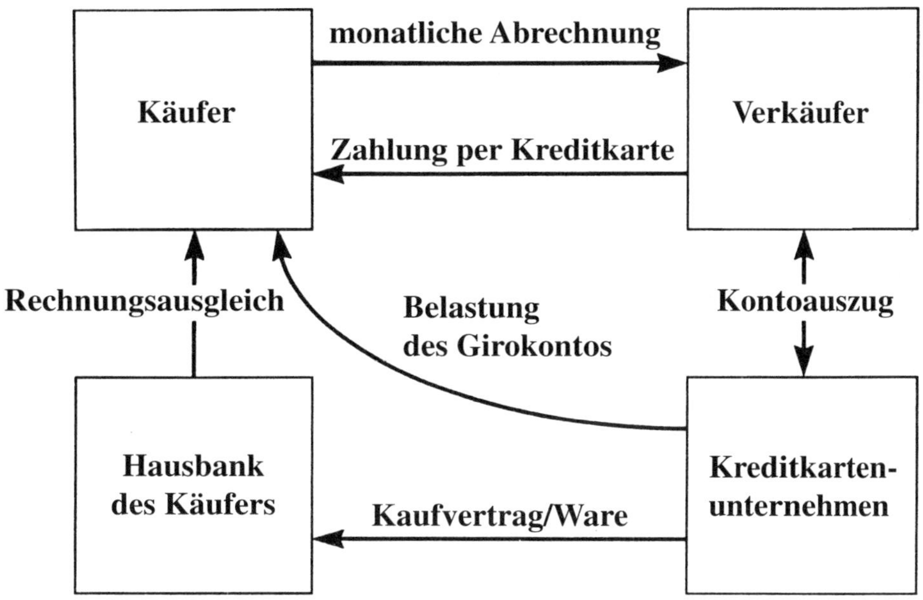

② Ordne die Kreditarten richtig den Laufzeiten zu!

Teilzahlungskredite	•		
Diskontkredite	•	•	3-6 Monate
Hypothekarkredite	•	•	bis zu 4 Jahren
persönliche Kleinkredite	•	•	länger als 4 Jahre
Kontokorrentkredite	•		

③ Was sind Konsumkredite? Gib drei Beispiele!

④ Im Buchstabenblock unten sind acht Begriffe zum Bereich ‚Kredit' versteckt. Zwei Begriffe musst du rückwärts lesen. Erkläre die Kreditarten!

A	B	R	A	K	A	D	A	B	R	A	H	E	X	E	T	R	A	P
C	R	O	D	D	I	S	K	O	N	T	K	R	E	D	I	T	X	O
K	O	N	T	O	K	O	R	R	E	N	T	K	R	E	D	I	T	D
R	R	N	S	R	P	L	O	M	B	A	R	D	K	R	E	D	I	T
W	B	A	R	K	R	E	D	I	T	C	R	A	S	S	R	L	B	C
O	L	L	I	K	A	H	N	I	S	T	T	O	L	L	K	S	T	A
S	I	W	A	R	E	N	K	R	E	D	I	T	R	I	L	S	F	G
T	R	A	T	R	I	T	I	D	E	R	K	L	A	V	A	X	I	L
R	D	I	S	P	O	S	I	T	I	O	N	S	K	R	E	D	I	T
I	A	D	E	R	T	U	I	O	P	C	V	N	M	O	R	D	U	Z

⑤ Bei privaten Anschaffungsdarlehen gibt es geldliche und zeitliche Grenzen. Kreuze richtig an!

O ca. 50000 €
O 48 Monate
O ca. 10000 €
O 72 Monate
O ca. 25000 €
O 36 Monate

Lösung:

Kredite - gefährlich?

① Die Informationen in den vier Kästchen stimmen. Dazwischen aber ist einiges durcheinander geraten. Streiche durch und stelle richtig!

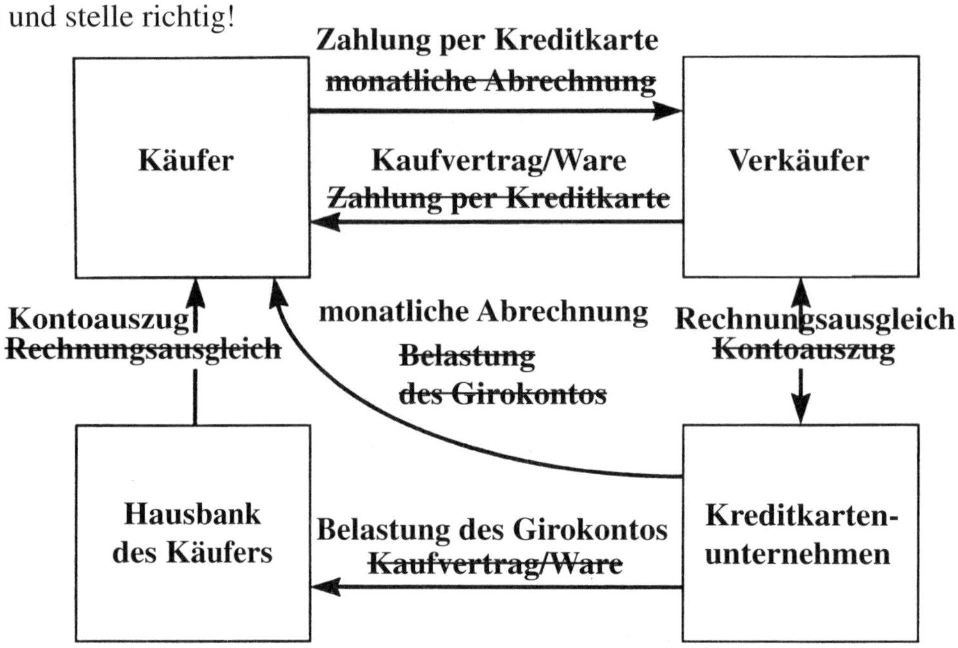

② Ordne die Kreditarten richtig den Laufzeiten zu!

Teilzahlungskredite
Diskontkredite
Hypothekarkredite
persönliche Kleinkredite
Kontokorrentkredite

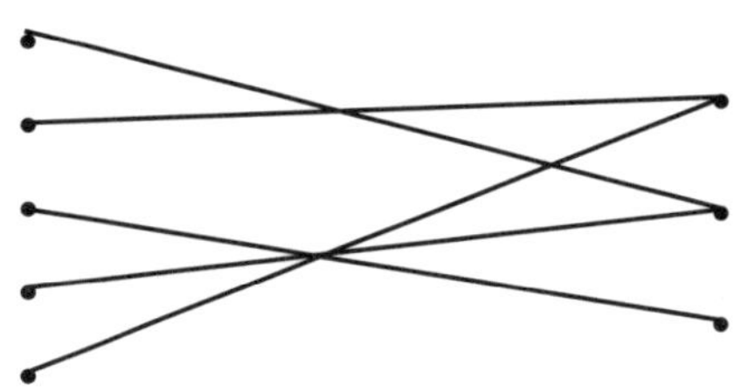

3-6 Monate
bis zu 4 Jahren
länger als 4 Jahre

③ Was sind Konsumkredite? Gib drei Beispiele!

Zu den Konsumkrediten gehören persönliche Kleinkredite, Anschaffungsdarlehen und Teilzahlungskredite ⇨ Urlaub, Auto, Stereoanlage etc.

④ Im Buchstabenblock unten sind acht Begriffe zum Bereich ‚Kredit' versteckt. Zwei Begriffe musst du rückwärts lesen. Erkläre die Kreditarten!

A	B	R	A	K	A	D	A	B	R	A	H	E	X	E	**T**	R	A	P
C	R	O	D	**D**	**I**	**S**	**K**	**O**	**N**	**T**	**K**	**R**	**E**	**D**	**I**	**T**	X	O
K	**O**	**N**	**T**	**O**	**K**	**O**	**R**	**R**	**E**	**N**	**T**	**K**	**R**	**E**	**D**	**I**	**T**	D
R	R	N	S	R	P	**L**	**O**	**M**	**B**	**A**	**R**	**D**	**K**	**R**	**E**	**D**	**I**	**T**
W	**B**	**A**	**R**	**K**	**R**	**E**	**D**	**I**	**T**	C	R	A	S	S	**R**	L	B	C
O	L	L	I	K	A	H	N	I	S	T	T	O	L	L	**K**	S	T	A
S	I	**W**	**A**	**R**	**E**	**N**	**K**	**R**	**E**	**D**	**I**	**T**	R	I	**L**	S	F	G
T	R	A	T	R	I	**T**	**I**	**D**	**E**	**R**	**K**	**L**	**A**	**V**	**A**	X	I	L
R	**D**	**I**	**S**	**P**	**O**	**S**	**I**	**T**	**I**	**O**	**N**	**S**	**K**	**R**	**E**	**D**	**I**	**T**
I	A	D	E	R	T	U	I	O	P	C	V	N	M	**O**	**R**	D	U	Z

⑤ Bei privaten Anschaffungsdarlehen gibt es geldliche und zeitliche Grenzen. Kreuze richtig an!

O ca. 50000 €
O 48 Monate
O ca. 10000 €
● 72 Monate
● ca. 25000 €
O 36 Monate

Arbeitslehre		

Sparen - sinnvoll?

① Setze in die Cluster mögliche Sparziele ein!

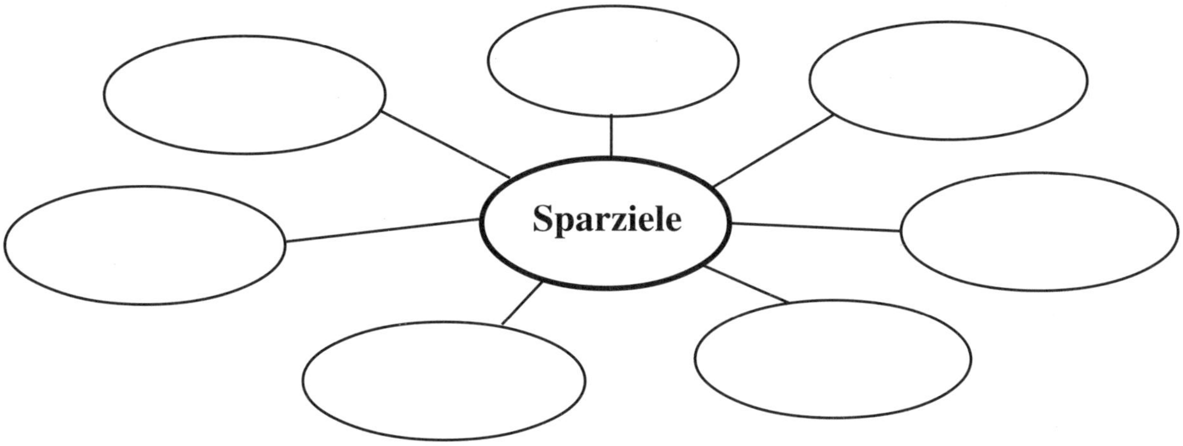

② Welche Aussagen sind richtig? Kreuze an!

O Je länger Geld anlegt wird, desto höher sind die Zinsen.
O Wer Geld spart, bekommt Sollzinsen.
O Ein Pfandbrief ist durch einen festen Zinssatz gekennzeichnet.
O Auf einem Girokonto erhält man nur geringe Zinsen für ein Guthaben.
O Für die Überziehung auf dem Girokonto muss man dafür auch nur geringe Zinsen bezahlen.
O In Finnland kann man mit einer ec-Karte in einer Bank Geld abheben.
O Die Kreditizinsen und die Zinsen für ein Sparguthaben sind normalerweise gleich hoch.
O Das Sparbuch ist eine gute Geldanlage.
O Ein Sparer kann innerhalb von 30 Tagen bis zu 1000 € ohne Kündigung abheben.
O Sparbriefe und Bundesschatzbriefe gehören nicht zu den Wertpapieren.
O Eine besondere Form des Kontensparens ist das Bausparen.

③ Beantworte folgende Fragen zur Grafik unten!

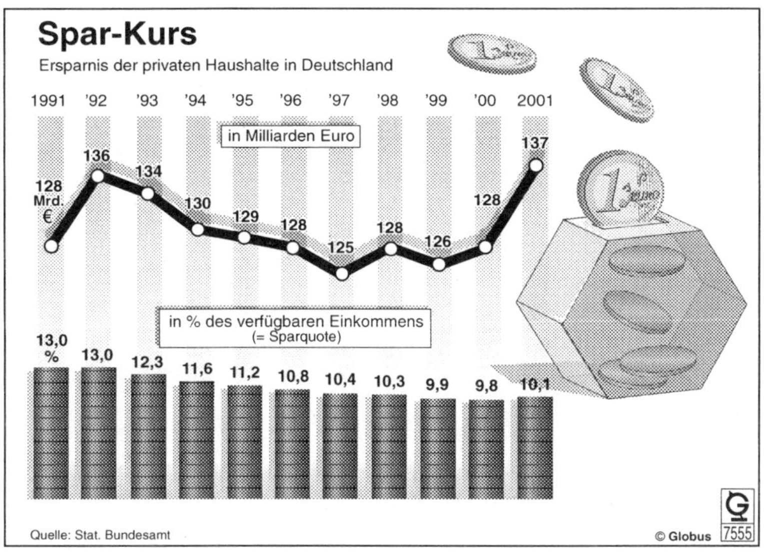

❶ Die Bundesbürger sind in den letzten Jahren zu Sparmuffeln geworden. Begründe!

____

____

❷ Suche Gründe, warum weniger gespart wird!

____

____

❸ Berechne, wie viel Geld 1991 und 2001 gespart wurde. Berechne nun den prozentualen Unterschied. Bewerte dein Ergebnis!

____

____

____

④ Zeige anhand von zwei Beispielen, dass man nicht nur Geld sparen kann!

____

Lösung:

Sparen - sinnvoll?

① Setze in die Cluster mögliche Sparziele ein!

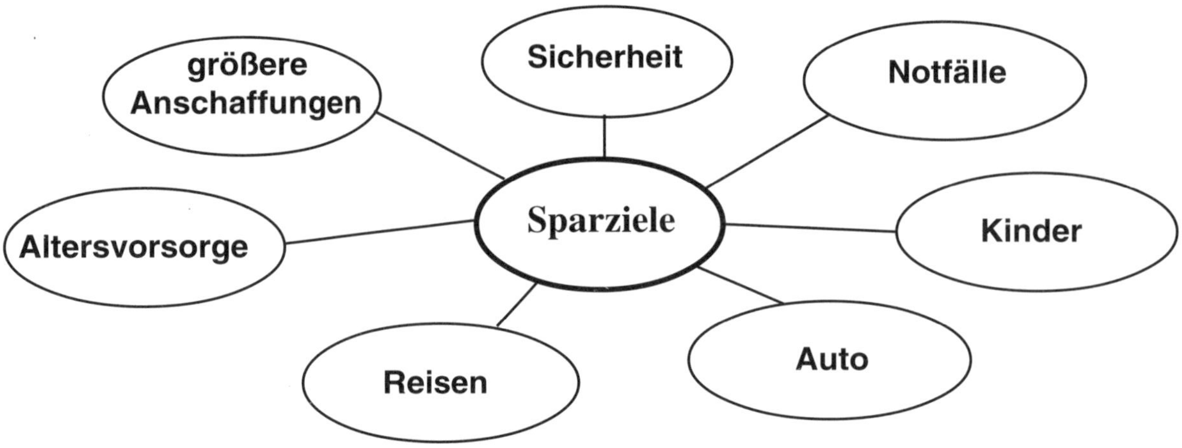

② Welche Aussagen sind richtig? Kreuze an!

- ● Je länger Geld anlegt wird, desto höher sind die Zinsen.
- O Wer Geld spart, bekommt Sollzinsen.
- ● Ein Pfandbrief ist durch einen festen Zinssatz gekennzeichnet.
- ● Auf einem Girokonto erhält man nur geringe Zinsen für ein Guthaben.
- O Für die Überziehung auf dem Girokonto muss man dafür auch nur geringe Zinsen bezahlen.
- ● In Finnland kann man mit einer ec-Karte in einer Bank Geld abheben.
- O Die Kreditizinsen und die Zinsen für ein Sparguthaben sind normalerweise gleich hoch.
- O Das Sparbuch ist eine gute Geldanlage.
- ● Ein Sparer kann innerhalb von 30 Tagen bis zu 1000 € ohne Kündigung abheben.
- O Sparbriefe und Bundesschatzbriefe gehören nicht zu den Wertpapieren.
- ● Eine besondere Form des Kontensparens ist das Bausparen.

③ Beantworte folgende Fragen zur Grafik unten!

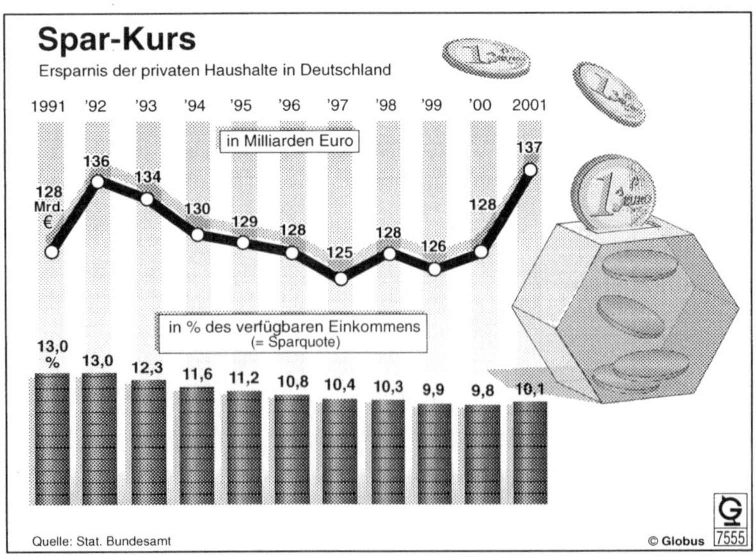

❶ Die Bundesbürger sind in den letzten Jahren zu Sparmuffeln geworden. Begründe!

Nur rund 10% des verfügbaren Einkommens wird gespart.

❷ Suche Gründe, warum weniger gespart wird!

hohe Arbeitslosigkeit

geringer Einkommenszuwachs

❸ Berechne, wie viel Geld 1991 und 2001 gespart wurde. Berechne nun den prozentualen Unterschied. Bewerte dein Ergebnis!

1991: 16,64 Mrd. €; 2001: 13,837 Mrd. €; 2001 wurde um 16,85% weniger gespart ⇨ weniger Geld übrig

④ Zeige anhand von zwei Beispielen, dass man nicht nur Geld sparen kann!

Waren (weniger bzw. günstiger einkaufen); Dienstleistungen (Eigenleistungen)

Arbeitslehre		

Geldanlage - was tun?

① Die Geheimschrift unten zeigt fünf Gesichtspunkte beim Anlegen von Geld. Finde sie heraus!

❶ [illegible]e ______________________

❷ [illegible]r[illegible]a[illegible] ______________________

❸ [illegible]g[illegible]r ______________________

❹ S[illegible]t ______________________

❺ [illegible]h[illegible]k[illegible] der Abwicklung ______________________

② Welche Möglichkeiten der Geldanlage kennst du? Setze unten in den Baum ein!

③ Nenne Vorteile und Nachteile für das Sparen mit dem Sparbuch!

____

____

④ Welche vier Kündigungsfristen stehen bei einem Sparkonto zur Wahl? Kreuze richtig an!

O 1 Monat	O 1 Jahr	O 3 Jahre
O 3 Monate	O 1,5 Jahre	O 4 Jahre
O 6 Monate	O 2 Jahre	O 6 Jahre
O 12 Monate	O 2,5 Jahre	O 8 Jahre

⑤ Wie hoch ist der Mindestbetrag bei Festgeldanlagen? Welche Laufzeiten sind möglich?

____

____

____

⑥ Unten sind vier Anlageformen aufgeführt. Wie heißen sie?

❶

❷

❸

❹

⑦ Finde die sechs Geldanlagen in der Grafik rechts heraus!

Sparbuch - Gold - Aktien - Bundesobligationen - Festgeld - Sparbriefe

⑧ Wann sind Versicherungen als Geldanlage rentabel?

____

____

⑨ Welche Geldanlageformen würdest du bevorzugen? Gründe?

____

____

____

Lösung:

Geldanlage - was tun?

① Die Geheimschrift unten zeigt fünf Gesichtspunkte beim Anlegen von Geld. Finde sie heraus!

❶ …e — **Rendite**

❷ …r…a… — **Verfügbarkeit**

❸ …g…r — **Anlagedauer**

❹ S…t — **Sicherheit**

❺ …h…k… der Abwicklung — **Schnelligkeit**

② Welche Möglichkeiten der Geldanlage kennst du? Setze unten in den Baum ein!

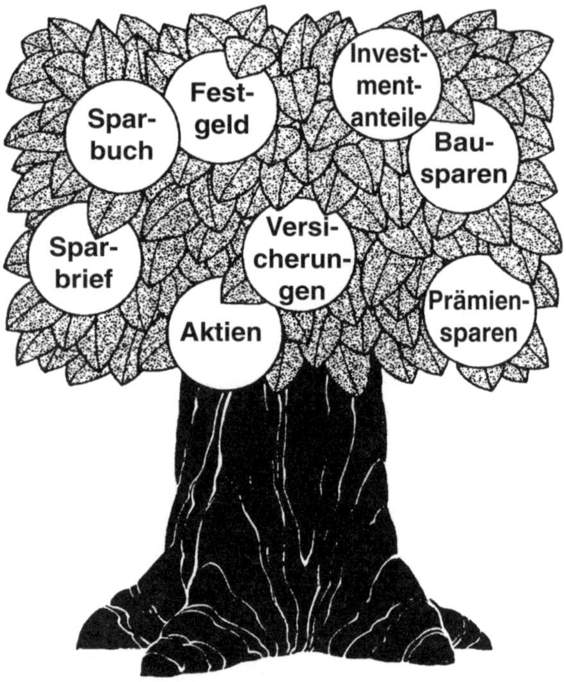

③ Nenne Vorteile und Nachteile für das Sparen mit dem Sparbuch!

Das Geld ist zwar sofort verfügbar, aber die Zinsen sind sehr niedrig.

④ Welche vier Kündigungsfristen stehen bei einem Sparkonto zur Wahl? Kreuze richtig an!

O 1 Monat	O 1 Jahr	O 3 Jahre
● 3 Monate	O 1,5 Jahre	● 4 Jahre
O 6 Monate	O 2 Jahre	O 6 Jahre
● 12 Monate	● 2,5 Jahre	O 8 Jahre

⑤ Wie hoch ist der Mindestbetrag bei Festgeldanlagen? Welche Laufzeiten sind möglich?

Der Mindestbetrag liegt bei ca. 5000 €.

Laufzeiten: ab 30 Tagen, bis 60 Tage, bis 90 Tage, bis 180 Tage, bis 360 Tage.

⑥ Unten sind vier Anlageformen aufgeführt. Wie heißen sie?

❶ Sparbriefe

❷ Bundesschatzbriefe

❸ Festverzinsliche Wertpapiere

❹ Investmentfonds

⑦ Finde die sechs Geldanlagen in der Grafik rechts heraus!

Sparbuch - Gold - Aktien - Bundesobligationen - Festgeld - Sparbriefe

⑧ Wann sind Versicherungen als Geldanlage rentabel?

Versicherungen sind erst ab etwa 15 Jahren Laufzeit rentabel, nicht bei kurzfristig gebrauchtem Geld.

⑨ Welche Geldanlageformen würdest du bevorzugen? Gründe?

Sinnvoll wären Vermögenswirksames Sparen oder Bausparen, denn Prämien und Sparzulagen machen diese Sparformen interessant. Sie sind auch sicher.

Arbeitslehre		

Aktien - immer ein Risiko?

① Löse folgendes Rätsel! Wie lautet das senkrecht zu lesende Lösungswort?

Durchschnittskurve von US-Aktien

Aufgedruckter Betrag einer Aktie

Markt für Wertpapiere/Waren

Besitzer von Aktien

Vermögen; Geldsumme

Abk. für: Deutscher Aktienindex

Aufbewahrungsort; Hinterlegtes

Verzinsung; Ertrag

Anteil am Gewinn einer AG

Handelswert der Aktie

(Starkes) Steigen der Börsenkurse

Lösungswort: ____________________

② Wovon kann der Wert einer Aktie abhängen?

____

____

③ Wo sind die drei wichtigsten Wertpapierbörsen?

O Paris O London O Peking O Frankfurt/Main O New York O Tokio O Rom O Moskau

④ Erkläre den Begriff „Dow-Jones-Index"!

____

____

⑤ Was sagen dir die beiden Begriffe unten?

„Schwarzer Freitag": ____________________

„Schwarzer Montag": ____________________

⑥ Finde Firma und Nennwert der Aktie rechts heraus!

____

⑦ Wie hoch ist der derzeitige Kurswert dieser Aktie?

____

⑧ Warum ist eine Geldanlage in Aktien oft nicht sicher?

____

____

____

Deutsche Mark 50,-

BAYERISCHE VEREINSBANK

50 Deutsche Mark

AKTIE

Nr. 001247

über

FÜNFZIG DEUTSCHE MARK

Der Inhaber dieser Aktie ist mit dem Betrag von Fünfzig Deutsche Mark bei der Bayerischen Vereinsbank als Aktionär mit allen satzungsmäßigen Rechten und Pflichten beteiligt.

München, im Dezember 1977

BAYERISCHE VEREINSBANK

Der Kontrollbeamte: Der Aufsichtsrat: Vorsitzender Der Vorstand:

Lösung:

Aktien - immer ein Risiko?

① Löse folgendes Rätsel! Wie lautet das senkrecht zu lesende Lösungswort?

			D	O	W	J	O	N	E	S		Durchschnittskurve von US-Aktien
				N	E	N	N	W	E	R	T	Aufgedruckter Betrag einer Aktie
			B	Ö	R	S	E					Markt für Wertpapiere/Waren
			A	K	T	I	O	N	Ä	R		Besitzer von Aktien
			K	A	P	I	T	A	L			Vermögen; Geldsumme
				D	A	X						Abk. für: Deutscher Aktienindex
			D	E	P	O	T					Aufbewahrungsort; Hinterlegtes
	R	E	N	D	I	T	E					Verzinsung; Ertrag
D	I	V	I	D	E	N	D	E				Anteil am Gewinn einer AG
			K	U	R	S	W	E	R	T		Handelswert der Aktie
H	A	U	S	S	E							(Starkes) Steigen der Börsenkurse

Lösungswort: **Wertpapiere**

② Wovon kann der Wert einer Aktie abhängen?

Er kann vom Gewinn bzw. Verlust der Kapitalgesellschaft abhängen, aber auch von Angebot und Nachfrage sowie von der politischen und wirtschaftlichen Situation.

③ Wo sind die drei wichtigsten Wertpapierbörsen?

O Paris ● London O Peking O Frankfurt/Main ● New York ● Tokio O Rom O Moskau

④ Erkläre den Begriff „Dow-Jones-Index"!

Der nach der amerikanischen Firma Dow, Jones & Co. benannte Index zeigt die errechnete Durchschnittskurve der 30 wichtigsten Aktien in den USA.

⑤ Was sagen dir die beiden Begriffe unten?

„Schwarzer Freitag": **25. 10. 1929 - Panik an der New Yorker Wall Street - ⇩ 30%**

„Schwarzer Montag": **19. 10. 1987 - Rekordverlust des Dow-Jones-Index - ⇩ 22,6%**

⑥ Finde Firma und Nennwert der Aktie rechts heraus!

Bayerische Vereinsbank - 50 Deutsche Mark

⑦ Wie hoch ist der derzeitige Kurswert dieser Aktie?

ca. Euro

⑧ Warum ist eine Geldanlage in Aktien oft nicht sicher?

Konkurse aufgrund der wirtschaftlichen Situation; Gefahr der Spekulation; Veränderungen der politischen Situation, Terror (z.B. 11. September 2001)

Arbeitslehre		

Der erweiterte Wirtschaftskreislauf

① Ergänze die Grafik! Ordne dabei den Ziffern in der Grafik die passenden Begriffe unten zu!

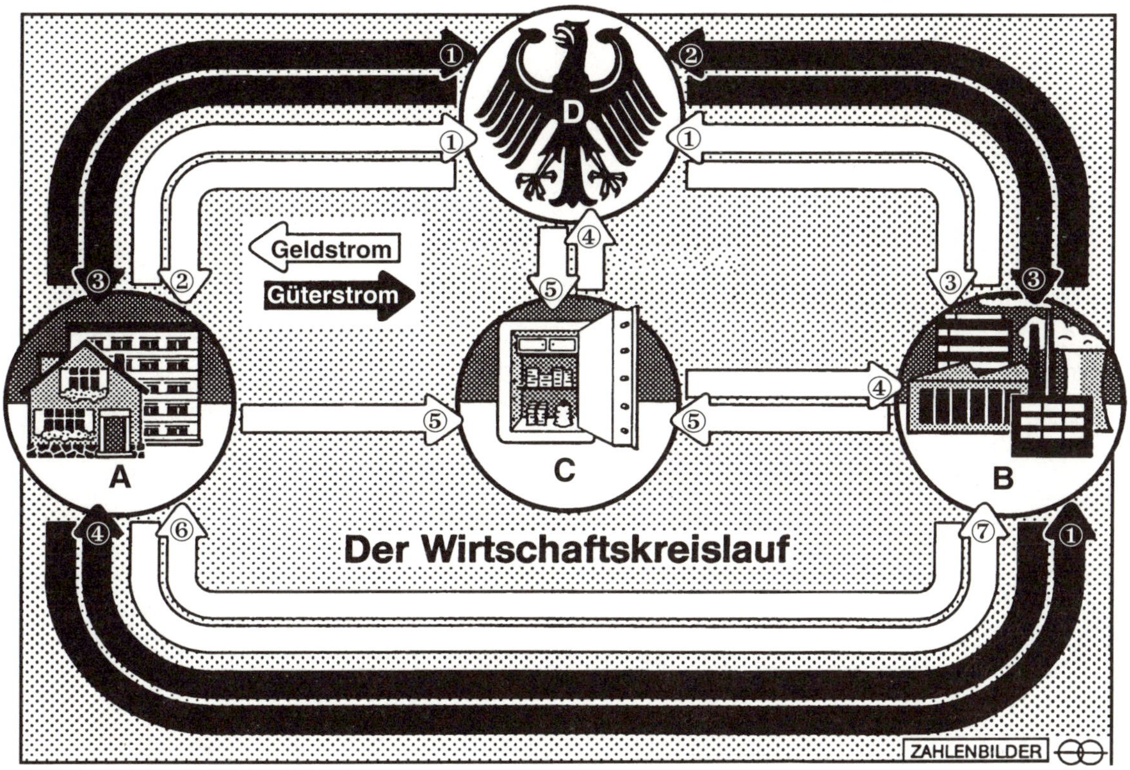

- ❶ •
- ❷ •
- ❸ •
- ❹ •
- ① •
- ② •
- ③ •
- ④ •
- ⑤ •
- ⑥ •
- ⑦ •
- A •
- B •
- C •
- D •

- Sparen
- Arbeitslohn
- Öffentliche Güter
- Arbeit
- Staat
- Investieren
- Konsumgüter
- Steuern, Gebühren, Beiträge
- Unternehmen
- Konsumausgaben
- Einkommen, Sozialleistungen
- Haushalte
- Ausgaben für Güter und Subventionen
- Banken
- Güter

② Was geschieht, wenn der Geldstrom im Wirtschaftskreislauf zu stark fließt?

③ Was geschieht, wenn der Geldstrom im Wirtschaftskreislauf zu schwach fließt?

④ Welche Folgen können Absatzschwierigkeiten von Firmen haben?

Lösung:

Der erweiterte Wirtschaftskreislauf

① Ergänze die Grafik! Ordne dabei den Ziffern in der Grafik die passenden Begriffe unten zu!

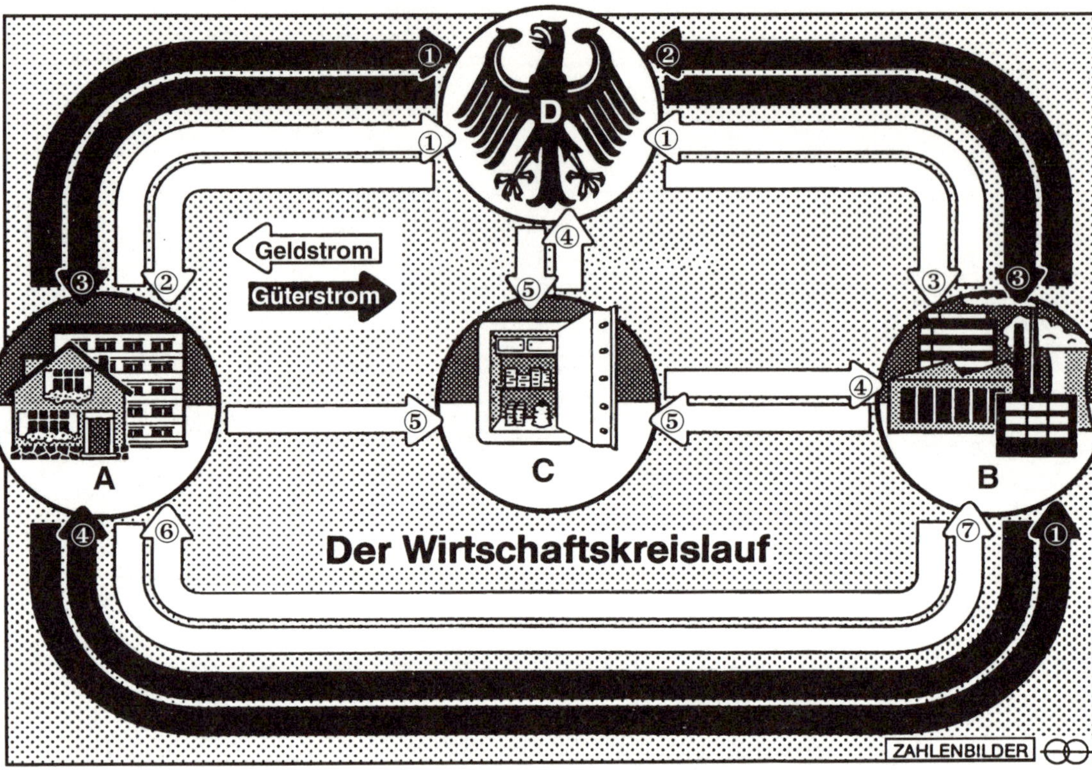

❶	Sparen
❷	Arbeitslohn
❸	Öffentliche Güter
❹	Arbeit
①	Staat
②	Investieren
③	Konsumgüter
④	Steuern, Gebühren, Beiträge
⑤	Unternehmen
⑥	Konsumausgaben
⑦	Einkommen, Sozialleistungen
A	Haushalte
B	Ausgaben für Güter und Subventionen
C	Banken
D	Güter

② Was geschieht, wenn der Geldstrom im Wirtschaftskreislauf zu stark fließt?

Konsumausweitung - starke Lohnsteigerung - Anzeichen einer Inflation

③ Was geschieht, wenn der Geldstrom im Wirtschaftskreislauf zu schwach fließt?

Konsumeinschränkung - Geld wird gespart - Anzeichen einer Deflation

④ Welche Folgen können Absatzschwierigkeiten von Firmen haben?

Weniger Umsatz/Gewinn - weniger Ausgaben - Rationalisierung - weniger Arbeitskräf-te - Arbeitslosigkeit nimmt zu - ...

Arbeitslehre		

Lernzielkontrolle:

Wirtschaftsfaktor Geld (1)

1. Welche sechs Stationen wurden bei der Entwicklung des Geldes durchlaufen? (6)

2. Ordne den vier Aussagen die vier Aufgaben des Geldes zu! (4)

- „Mein Erspartes zahle ich immer auf mein Sparbuch ein.“ ____
- „Meine Eltern schenkten mir zu Ostern 50 €.“ ____
- „Mit 20 € kann ich mir eine CD kaufen oder dreimal ins Kino gehen.“ ____
- „Für 22,50 € kaufe ich mir beim Auer den neuen Harry Potter.“ ____

3. Welche vier Vorteile bietet Geld? (4)

4. Gib fünf Möglichkeiten des bargeldlosen Zahlungsverkehrs an! (5)

5. Kreuze die richtigen Antworten an! (4)

O Für die Zahlung der Miete ist ein Dauerauftrag geeignet.
O Die Rechnung einer Möbelfirma wird per Dauerauftrag bezahlt.
O Eine längerfristige Geldanlage auf dem Girokonto ist nicht zu empfehlen.
O Schweden hat den Euro 2002 eingeführt.
O In Japan kann man mit der ec-Karte überall bezahlen.
O Soll- und Habenzinsen sind immer unterschiedlich hoch.
O Für eine Lastschrift brauche ich keine Einzugsermächtigung.
O Die bisherigen Scheckvordrucke werden von Geschäften kaum mehr akzeptiert.

6. Finde vier Gründe, warum gespart wird. (4)

7. Welche Vorteile bringt das Sparen mit dem Sparbuch? Streiche das Falsche durch! (3)
Geld ist nicht sofort verfügbar - ich erhalten (geringe) Zinsen - Geld ist sofort verfügbar - hohe Sicherheit - hohe Kosten für die Sparkontoführung - Sparen ist mit Risiko verbunden - ich muss Zinsen zahlen

8. Zähle fünf mögliche Anlageformen auf! (5)

9. Was ist bei der Anlage von Geld allgemein zu beachten? Setze die Silben richtig zusammen! (5)

VER - DAU - DI - LIG - LA - SI - DER - WICK - BAR - REN - KEIT - ER - FÜG - HEIT - KEIT - CHER - GE - TE - SCHNEL - AB - LUNG- AN

10. Wie heißt die Abkürzung für die“persönliche Geheimzahl“? Worauf solltest du dabei achten? (2)

Lösung:

Lernzielkontrolle:

Wirtschaftsfaktor Geld (1)

1. Welche sechs Stationen wurden bei der Entwicklung des Geldes durchlaufen? (6)

Naturaltausch - Naturalgeld - Metallgeld - Münzgeld - Papiergeld - Buchgeld

2. Ordne den vier Aussagen die vier Aufgaben des Geldes zu! (4)

- „Mein Erspartes zahle ich immer auf mein Sparbuch ein." **Wertaufbewahrungsmittel**
- „Meine Eltern schenkten mir zu Ostern 50 €." **Wertübertragungsmittel**
- „Mit 20 € kann ich mir eine CD kaufen oder dreimal ins Kino gehen." **Wertmesser**
- „Für 22,50 € kaufe ich mir beim Auer den neuen Harry Potter." **allgemeines Tauschmittel**

3. Welche vier Vorteile bietet Geld? (4)

Allgemein anerkannt, überall verfügbar, gut transportierbar, wertbeständig

4. Gib fünf Möglichkeiten des bargeldlosen Zahlungsverkehrs an! (5)

Lastschrift, Dauerauftrag, Überweisung, Verrechnungsscheck, Wechsel

5. Kreuze die richtigen Antworten an! (4)

● Für die Zahlung der Miete ist ein Dauerauftrag geeignet.
O Die Rechnung einer Möbelfirma wird per Dauerauftrag bezahlt.
● Eine längerfristige Geldanlage auf dem Girokonto ist nicht zu empfehlen.
O Schweden hat den Euro 2002 eingeführt.
O In Japan kann man mit der ec-Karte überall bezahlen.
● Soll- und Habenzinsen sind immer unterschiedlich hoch.
O Für eine Lastschrift brauche ich keine Einzugsermächtigung.
● Die bisherigen Scheckvordrucke werden von Geschäften kaum mehr akzeptiert.

6. Finde vier Gründe, warum gespart wird. (4)

Auf größere Anschaffungen (Auto, Immobilie), zur Altersvorsorge, für Notfälle, zur Sicherheit (finanzielles Polster)

7. Welche Vorteile bringt das Sparen mit dem Sparbuch? Streiche das Falsche durch! (3)

~~Geld ist nicht sofort verfügbar~~ - ich erhalten (geringe) Zinsen - Geld ist sofort verfügbar - hohe Sicherheit - ~~hohe Kosten für die Sparkontoführung~~ - ~~Sparen ist mit Risiko verbunden~~ - ~~ich muss Zinsen zahlen~~

8. Zähle fünf mögliche Anlageformen auf! (5)

Sparbuch, Versicherungen, Bausparen, Sparbrief, Festgeld (Investmentanteile, Aktien, Prämiensparen)

9. Was ist bei der Anlage von Geld allgemein zu beachten? Setze die Silben richtig zusammen! (5)

VER - DAU - DI - LIG - LA - SI - DER - WICK - BAR - REN - KEIT - ER - FÜG - HEIT - KEIT - CHER - GE - TE - SCHNEL - AB - LUNG - AN

Rendite - Verfügbarbeit - Anlagedauer - Sicherheit - Schnelligkeit der Abwicklung

10. Wie heißt die Abkürzung für die „persönliche Geheimzahl"? Worauf solltest du dabei achten? (2)

PIN; Geheimzahl nur für dich behalten; nicht notieren, sondern auswendig lernen

Arbeitslehre

Lernzielkontrolle:

Wirtschaftsfaktor Geld (2)

11. Bezahle die Rechnung unten per Überweisung! Entnimm die nötigen Daten der Rechnung! (6)

jpc-schallplatten, Postfach 13 29, 49111 Georgsmarienhütte

Karl-Hans Seyler
Hindenburgstr.5

86609 Donauwörth

jpc 05 /013
S 0/000

schallplatten Versandhandelsgesellschaft mbH

Bitte bei Zahlung immer angeben

Rechnungs-Nr. 061 Kunden-Nr. 47 Tag 22.02.2002 Pak 1

Rechnung 2578 P
Seite 1

Anzahl	Bestell-Nr.	Artikelbezeichnung	St.	Einzelpreis EUR	Gesamtpreis
* 1	1402551	Chopin,Fr Sämtliche	1	15,49	15,49
* 1	4345169	Godowsky, Klavierson	1	13,99	13,99
* 1	4418128	Bravo Hits 36	1	19,99	19,99

Rechnungsbetrag wird zum 01.04.02 abgebucht DEM 96,76

darin enthaltene Mehrwertsteuer 16,00 6,83 7,00 0,00 3 **Gesamtbetrag EUR** 49,47

Zahlbar sofort ohne Abzug. Die gelieferte Ware bleibt bis zur vollständigen Bezahlung Eigentum des Lieferanten.
Amtsgericht Bad Iburg HRB 2798. Geschäftsführer: Gerhard Georg Ortmann. Johannes Stuckenberg

Hausanschrift	Postanschrift	Telefon	Telefax	Postbank Hannover	Banken in Osnabrück
Lübecker Straße 9	Postfach 13 29	(0 54 01)	(0 54 01)	(BLZ 250 100 30)	Sparkasse (BLZ 265 501 05) 17582
49124 Georgsmarienhütte	49111 Georgsmarienhütte	85 12 22	85 12 33	125 15-300	Deutsche Bank AG (BLZ 265 700 90) 0176

Überweisungsauftrag an 722 901 00

Raiffeisen-Volksbank Donauwörth eG
86609 Donauwörth

Empfänger: Name, Vorname/Firma (max. 27 Stellen)

Konto-Nr. des Empfängers

Bankleitzahl

Achtung: Deutlich schreiben! Beleg wird maschinell gelesen.

bei (Kreditinstitut)

DM od. EUR*

Betrag

*** Bitte immer ausfüllen! ▶**

Kunden-Referenznummer - noch Verwendungszweck, ggf. Name und Anschrift des Auftraggebers - (nur für Empfänger)

noch Verwendungszweck (insgesamt max. 2 Zeilen à 27 Stellen)

Kontoinhaber: Name, Vorname/Firma, Ort (max. 27 Stellen, keine Straßen- oder Postfachangaben)

Konto-Nr. des Kontoinhabers

20

Schreibmaschine: normale Schreibweise!
Handschrift: Blockschrift in GROSSBUCHSTABEN, und dabei Kästchen beachten!

Wegen maschineller Lesung Namenszug NICHT über Balken hinausziehen!

Datum Unterschrift

Lösung:

Lernzielkontrolle:

Wirtschaftsfaktor Geld (2)

11. Bezahle die Rechnung unten per Überweisung! Entnimm die nötigen Daten der Rechnung! (6)

jpc-schallplatten, Postfach 13 29, 49111 Georgsmarienhütte

Karl-Hans Seyler
Hindenburgstr.5

86609 Donauwörth

jpc 05 /013
S 0/000

schallplatten Versandhandelsgesellschaft mbH

Bitte bei Zahlung immer angeben

Rechnungs-Nr. 061 Kunden-Nr. 47 Tag 22.02.2002 Pak 1

Rechnung 2578 P Seite 1

Anzahl	Bestell-Nr.	Artikelbezeichnung	St.	Einzelpreis EUR	Gesamtpreis
* 1	1402551	Chopin,Fr Sämtliche	1	15,49	15,49
* 1	4345169	Godowsky, Klavierson	1	13,99	13,99
* 1	4418128	Bravo Hits 36	1	19,99	19,99

Rechnungsbetrag wird zum 01.04.02 abgebucht DEM 96,76

darin enthaltene Mehrwertsteuer 16,00 6,83 7,00 0,00 3 **Gesamtbetrag EUR** 49,47

Zahlbar sofort ohne Abzug. Die gelieferte Ware bleibt bis zur vollständigen Bezahlung Eigentum des Lieferanten.
Amtsgericht Bad Iburg HRB 2798. Geschäftsführer: Gerhard Georg Ortmann, Johannes Stuckenberg

Hausanschrift	**Postanschrift**	**Telefon**	**Telefax**	**Postbank** Hannover	**Banken in Osnabrück**
Lübecker Straße 9	Postfach 13 29	(0 54 01)	(0 54 01)	(BLZ 250 100 30)	Sparkasse (BLZ 265 501 05) 17582
49124 Georgsmarienhütte	49111 Georgsmarienhütte	85 12 22	85 12 33	125 15-300	Deutsche Bank AG (BLZ 265 700 90) 0176

Überweisungsauftrag an 722 901 00

Raiffeisen-Volksbank Donauwörth eG
86609 Donauwörth

Nicht notwendig, das der Betrag automatisch abgebucht wird (Lastschrift)!

Empfänger: Name, Vorname/Firma (max. 27 Stellen)

Konto-Nr. des Empfängers

Bankleitzahl

Achtung: Deutlich schreiben! Beleg wird maschinell gelesen.

bei (Kreditinstitut)

* Bitte immer ausfüllen! ▶ DM od. EUR* Betrag

Kunden-Referenznummer - noch Verwendungszweck, ggf. Name und Anschrift des Auftraggebers - (nur für Empfänger)

noch Verwendungszweck (insgesamt max. 2 Zeilen à 27 Stellen)

Kontoinhaber: Name, Vorname/Firma, Ort (max. 27 Stellen, keine Straßen- oder Postfachangaben)

Konto-Nr. des Kontoinhabers

20

Schreibmaschine: normale Schreibweise!
Handschrift: Blockschrift in GROSSBUCHSTABEN, und dabei Kästchen beachten!

Wegen maschineller Lesung Namenszug NICHT über Balken hinausziehen!

Datum Unterschrift

Arbeitslehre

Lernzielkontrolle:

Wirtschaftsfaktor Geld (3)

12. Welche drei Hauptaufgaben haben Kreditinstitute? (3)

13. Es gibt verschiedene Gruppen von Geldinstituten. Kreuze die richtigen Antworten an! (3)

O Gemeinschaftsbanken O Genossenschaftsbanken O Gesellschaftsbanken

O öffentlich-rechtliche Banken O Nichtöffentliche Banken O Hausbanken

O Spielbanken O Justizbanken O Privatbanken

14. Was sind Aktien? (1)

15. Was ist der Unterschied zwischen dem Nennwert und dem Kurswert einer Aktie? (4)

16. Setze die richtigen Begriffe in den erweiterten Wirtschaftskreislauf ein! (11)

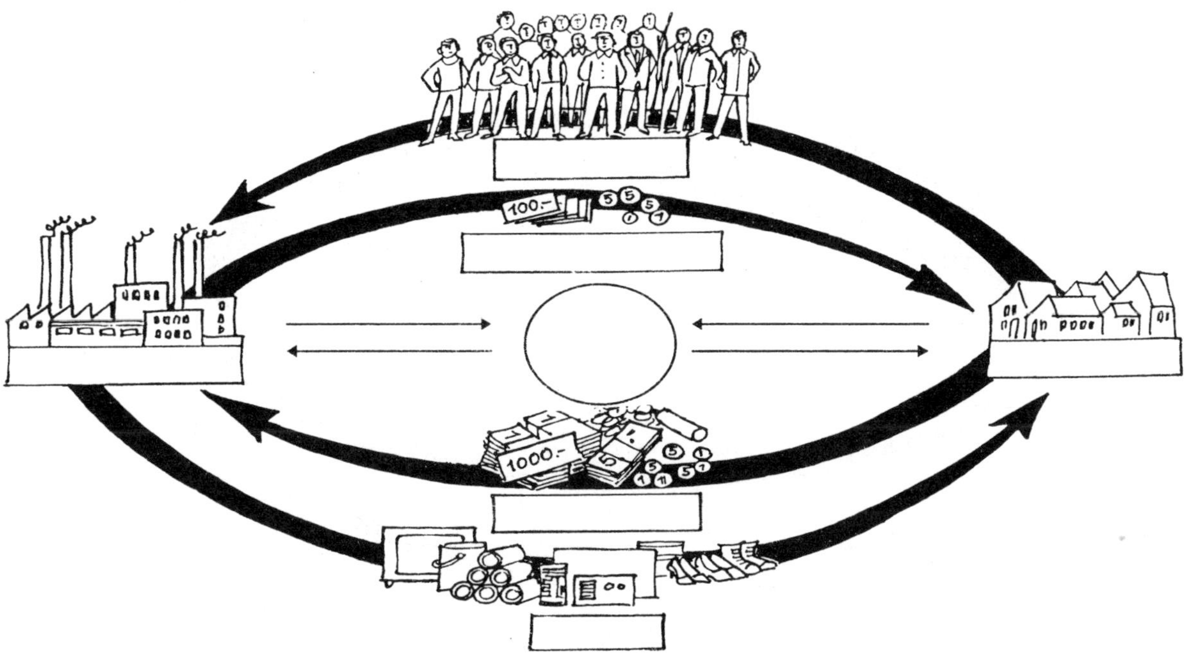

17. Erkläre, was eine Inflation ist! Weißt du zwei Beispiele aus der Geschichte? (4)

18. Kreuze die richtigen Antworten an! (3)

O Der Export ist für Deutschland nicht von großer Bedeutung.

O Bei einer Deflation wird Geld gehortet.

O Zum erweiterten Wirtschaftskreislauf kommt auch noch der Staat und das Ausland hinzu.

O Angebot und Nachfrage regulieren den Preis.

O Sind viele Anbieter auf dem Markt, steigen auch die Preise.

Gesamtpunktzahl: 77

Lösung:

Lernzielkontrolle:

Wirtschaftsfaktor Geld (3)

12. Welche drei Hauptaufgaben haben Kreditinstitute? (3)

Sammeln und Verwalten von Geld; Ausleihen von Geld (Kredite); Bieten von Dienstleistungen

13. Es gibt verschiedene Gruppen von Geldinstituten. Kreuze die richtigen Antworten an! (3)

O Gemeinschaftsbanken ● Genossenschaftsbanken O Gesellschaftsbanken

● öffentlich-rechtliche Banken O Nichtöffentliche Banken O Hausbanken

O Spielbanken O Justizbanken ● Privatbanken

14. Was sind Aktien? (1)

Anteilscheine an einem oder mehreren Unternehmen

15. Was ist der Unterschied zwischen dem Nennwert und dem Kurswert einer Aktie? (4)

Der Nennwert ist der auf der Aktie aufgedruckte Betrag (unveränderlich), während der Kurswert der Handelswert der Aktie ist und sich deshalb stetig ändert.

16. Setze die richtigen Begriffe in den erweiterten Wirtschaftskreislauf ein! (11)

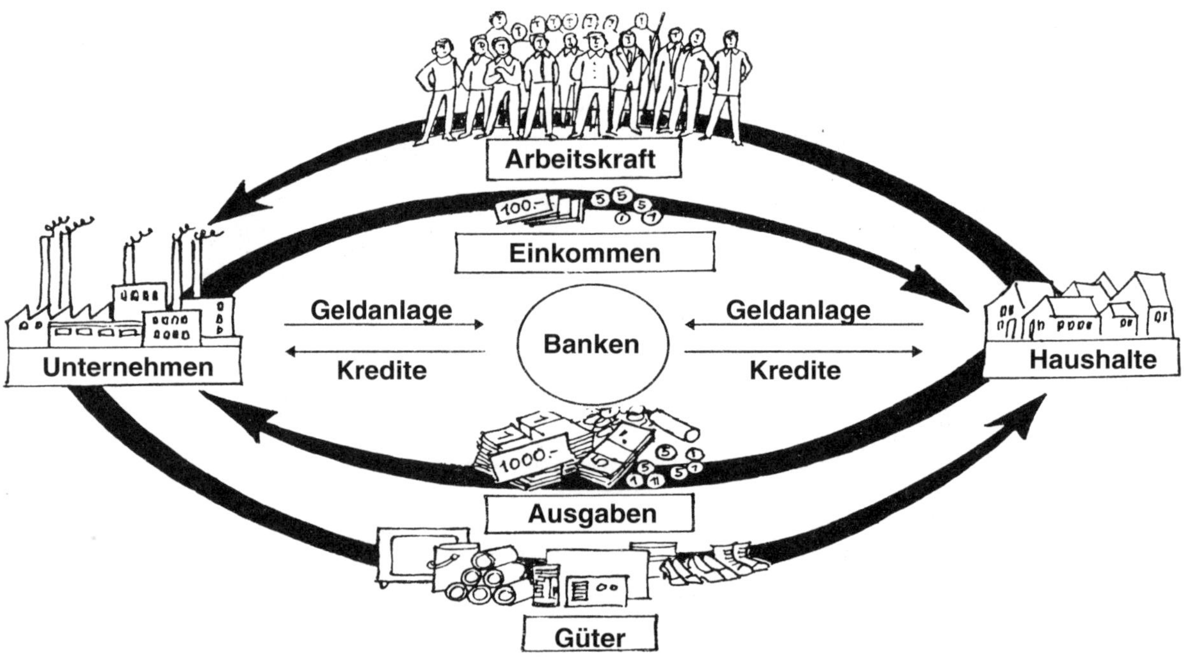

17. Erkläre, was eine Inflation ist! Weißt du zwei Beispiele aus der Geschichte? (4)

Inflation bedeutet „Aufblähung", es ist sehr viel Geld im Umlauf; nach dem Ersten Weltkrieg 1923 und dem Zweiten Weltkrieg 1947

18. Kreuze die richtigen Antworten an! (3)

O Der Export ist für Deutschland nicht von großer Bedeutung.

● Bei einer Deflation wird Geld gehortet.

● Zum erweiterten Wirtschaftskreislauf kommt auch noch der Staat und das Ausland hinzu.

● Angebot und Nachfrage regulieren den Preis.

O Sind viele Anbieter auf dem Markt, steigen auch die Preise.

Gesamtpunktzahl: 77

Arbeitslehre		

Merkmale der sozialen Marktwirtschaft

① Die soziale Marktwirtschaft hat vier große Ziele. Welche?

② Die soziale Marktwirtschaft hat bestimmte Merkmale. Kreuze die richtigen Antworten an!

O Jeder hat das Recht auf Arbeit.
O Der wirtschaftlich Schwächere bleibt auf der Strecke.
O Der Staat übernimmt die soziale Sicherung für seine Bürger.
O Lohn und Gehalt werden staatlich geregelt.
O Bedürftige erhalten vom Staat finanzielle Hilfe.
O Der Staat gibt eine Arbeitsplatzgarantie für alle arbeitswilligen Bürger.
O Lohn und Gehalt werden durch Tarifpartner geregelt.
O Die Arbeitsvermittlung durch das Arbeitsamt kostet den Arbeitslosen Geld.
O Monopole werden in der sozialen Marktwirtschaft nicht geduldet.
O In einer sozialen Marktwirtschaft hat der Staat die Funktion eines „Nachtwächterstaates".

③ Stelle die Begriffe in der Grafik unten richtig!

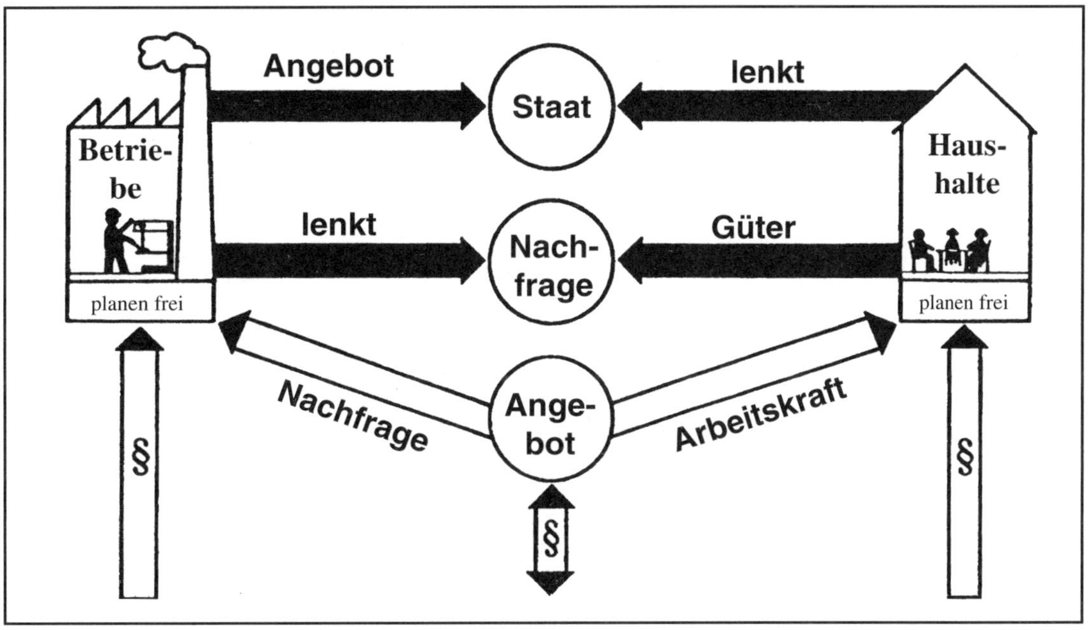

④ Welche Freiheiten sind in der sozialen Marktwirtschaft gesetzlich geregelt?

⑤ Wie unterscheiden sich freie und soziale Marktwirtschaft?

⑥ Was bedeutet „Subsidiaritätsprinzip"?

O Jeder hilft sich selber! O Der Staat hilft immer. O Die Reichen unterstützen die Armen.
O Der Staat hilft dann, wenn der Einzelne sich nicht mehr helfen kann.

Lösung:

Merkmale der sozialen Marktwirtschaft

① Die soziale Marktwirtschaft hat vier große Ziele. Welche?

Materieller Wohlstand, soziale Sicherheit, Freiheitsrechte für Arbeitgeber und Arbeitnehmer, leistungsfähige und konkurrenzfähige Wirtschaft

② Die soziale Marktwirtschaft hat bestimmte Merkmale. Kreuze die richtigen Antworten an!

● Jeder hat das Recht auf Arbeit.

O Der wirtschaftlich Schwächere bleibt auf der Strecke.

● Der Staat übernimmt die soziale Sicherung für seine Bürger.

O Lohn und Gehalt werden staatlich geregelt.

● Bedürftige erhalten vom Staat finanzielle Hilfe.

O Der Staat gibt eine Arbeitsplatzgarantie für alle arbeitswilligen Bürger.

● Lohn und Gehalt werden durch Tarifpartner geregelt.

O Die Arbeitsvermittlung durch das Arbeitsamt kostet den Arbeitslosen Geld.

● Monopole werden in der sozialen Marktwirtschaft nicht geduldet.

O In einer sozialen Marktwirtschaft hat der Staat die Funktion eines „Nachtwächterstaates".

③ Stelle die Begriffe in der Grafik unten richtig!

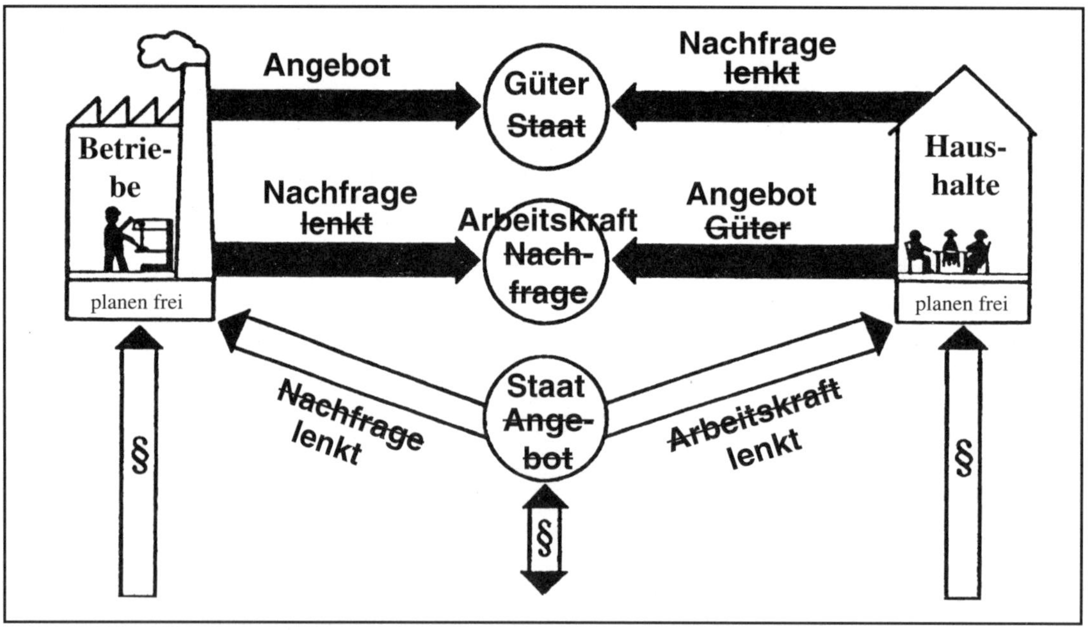

④ Welche Freiheiten sind in der sozialen Marktwirtschaft gesetzlich geregelt?

Freizügigkeit, freie Berufswahl, Vertragsfreiheit, Gewerbefreiheit, Konsumfreiheit

⑤ Wie unterscheiden sich freie und soziale Marktwirtschaft?

In einer freien MW greift der Staat nicht ein, Arme, Alte und Arbeitslose bleiben auf der Strecke. In der sozialen MW ist der Staat durch das Grundgesetz zur Hilfe verpflichtet.

⑥ Was bedeutet „Subsidiaritätsprinzip"?

O Jeder hilft sich selber! O Der Staat hilft immer. O Die Reichen unterstützen die Armen.

● Der Staat hilft dann, wenn der Einzelne sich nicht mehr helfen kann.

Arbeitslehre

Soziale Sicherung

① Die Grafik unten zeigt das soziale Netz in Deutschland. Wie heißen die fünf größten Bereiche?

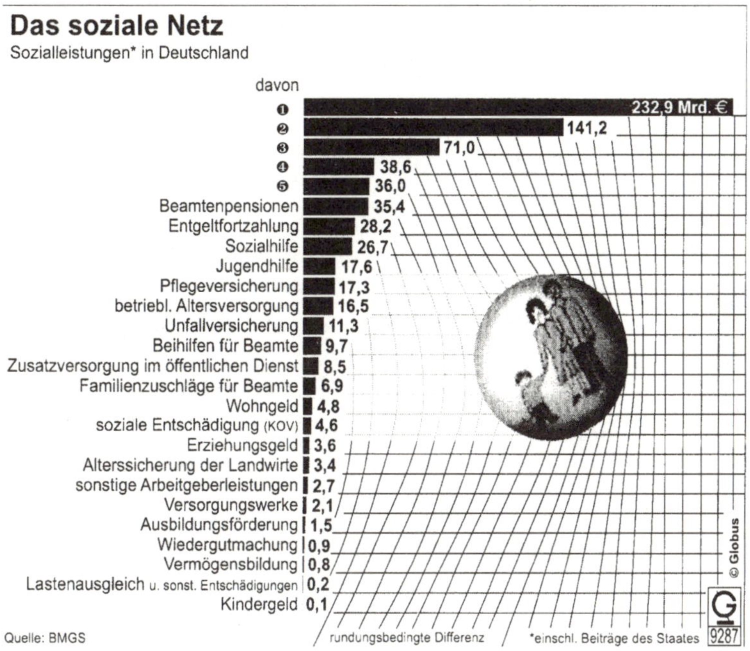

❶ ______________________

❷ ______________________

❸ ______________________

❹ ______________________

❺ ______________________

② Welche Sozialleistungen kannst du als Azubi in Anspruch nehmen?

____

____

____

③ Unser soziales Netz steht immer mehr in der Kritik. Warum?

____

____

____

④ Welches Problem kommt im Bereich der sozialen Sicherung in den nächsten Jahren auf uns zu?

____

⑤ Wer war der Begründer der Sozialversicherungen?

O Adolf Kolping O Paul Hindenburg O Otto von Bismarck O Kaiser Wilhelm I.

⑥ Setze die fünf Sozialversicherungen unten ein! Seit wann gibt es sie? Wer leistet die Beiträge?

❶ ______________________

❷ ______________________

❸ ______________________

❹ ______________________

❺ ______________________

⑦ Finde die Grundidee der Sozialversicherungen heraus! Bilde mit den Wörtern unten einen Satz!

Gesunde - Junge - und - Arbeitslosen - Kranken - und - helfen - Alten - Beschäftigte

____

⑧ Finde die acht sachlichen Veränderungen im rechten Bild heraus!

⑨ Ordne die Träger den Sozialversicherungen richtig per Pfeilverbindungen zu!

Krankenkassen	Arbeitslosenv.
Pflegekassen	Krankenvers.
Versicherungsanst.	Unfallvers.
Bundesanstalt für Arbeit	Rentenvers.
Berufsgenossenschaften	Pflegevers.

Lösung:

Soziale Sicherung

① Die Grafik unten zeigt das soziale Netz in Deutschland. Wie heißen die fünf größten Bereiche?

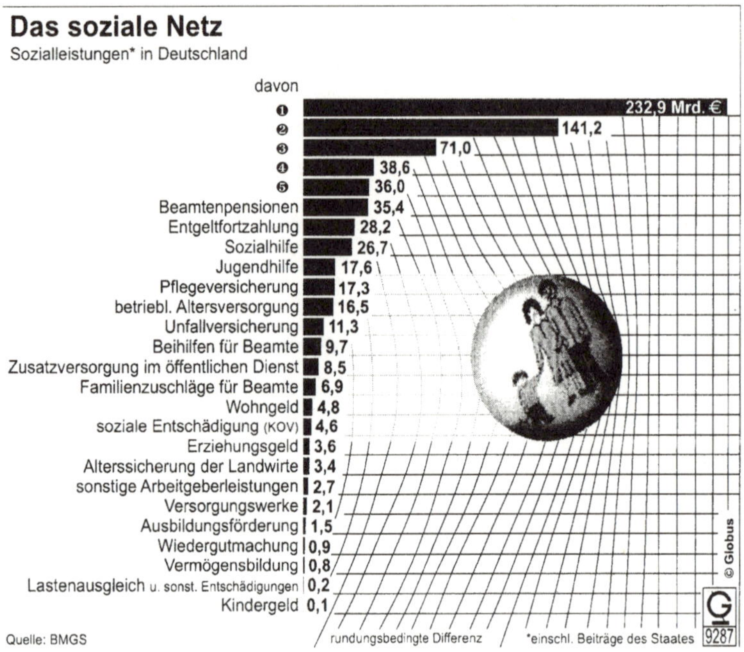

❶ **Rentenversicherung**
❷ **Krankenversicherung**
❸ **Arbeitsförderung**
❹ **Ehegattensplitting**
❺ **Kindergeld**

② Welche Sozialleistungen kannst du als Azubi in Anspruch nehmen?

Arbeitsförderung, Ausbildungsförderung, Jugendhilfe, Vermögensbildung, Lohnfortzahlung, Wohngeld

③ Unser soziales Netz steht immer mehr in der Kritik. Warum?

Ausgaben ufern immer mehr aus; der Staat als „soziale Kuh“, die fast jeder melken kann

④ Welches Problem kommt im Bereich der sozialen Sicherung in den nächsten Jahren auf uns zu?

Bezahlbarkeit der Rente; immer weniger Beschäftigte tragen immer mehr Rentner

⑤ Wer war der Begründer der Sozialversicherungen?

O Adolf Kolping O Paul Hindenburg ● Otto von Bismarck O Kaiser Wilhelm I.

⑥ Setze die fünf Sozialversicherungen unten ein! Seit wann gibt es sie? Wer leistet die Beiträge?

❶ Krankenversicherung — **1883 - 1/2 AG, 1/2 AN**
❷ Rentenversicherung — **1889 - 1/2 AG, 1/2 AN**
❸ Arbeitslosenversicherung — **1927 - 1/2 AG, 1/2 AN**
❹ Unfallversicherung — **1884 - 1/1 AG**
❺ Pflegeversicherung — **1995 - 1/2 AG, 1/2 AN**

⑦ Finde die Grundidee der Sozialversicherungen heraus! Bilde mit den Wörtern unten einen Satz!

Gesunde - Junge - und - Arbeitslosen - Kranken - und - helfen - Alten - Beschäftigte

Junge, Gesunde und Beschäftigte helfen Alten, Kranken und Arbeitslosen.

⑧ Finde die acht sachlichen Veränderungen im rechten Bild heraus!

⑨ Ordne die Träger den Sozialversicherungen richtig per Pfeilverbindungen zu!

Krankenkassen	Arbeitslosenv.
Pflegekassen	Krankenvers.
Versicherungsanst.	Unfallvers.
Bundesanstalt für Arbeit	Rentenvers.
Berufsgenossenschaften	Pflegevers.

Arbeitslehre		

Vollbeschäftigung und Arbeitslosigkeit (1)

① Was verstehst du unter „Vollbeschäftigung“?

② Was bedeuten die Begriffe „Konjunktur“ und „Rezession“?

③ Ein Konjunkturzyklus durchläuft vier Phasen, die unterschiedlich lange dauern können. Bringe die Begriffe in die richtige Reihenfolge. Jeweils drei Begriffe passen zusammen!

Krise - Expansion - Boom - Tiefstand - steigende Produktion - Rezession - Aufschwung - mangelnder Absatz - Depression - Hochkonjunktur - Arbeitslosigkeit - Vollbeschäftigung

④ Es gibt fünf Arten der Arbeitslosigkeit. Finde diese Arten durch Zusammensetzen der Silben heraus und schreibe die gefundenen Begriffe zu den passenden Aussagen unten.

tech - tu - le - sai - le - ale - lo - kon - tu - struk - rel - frik - el - son - le - junk - no - sche - tion - el - gi

❶ ________________ A.: Sie umfasst bestimmte Wirtschaftszweige und ist schwer zu beseitigen.

❷ ________________ A.: Sie wird verursacht durch Rationalisierung und Automatisierung.

❸ ________________ A.: Sie tritt während eines wirtschaftlichen Abschwungs auf.

❹ ________________ A.: Sie ist jahreszeitlich bedingt.

❺ ________________ A.: Sie tritt auf bei Arbeitssuche, wobei der alte Arbeitsplatz aufgegeben wurde.

⑤ Finde die Ursachen für die Anstiege in der Zahl der Arbeitslosen in der Grafik unten heraus!

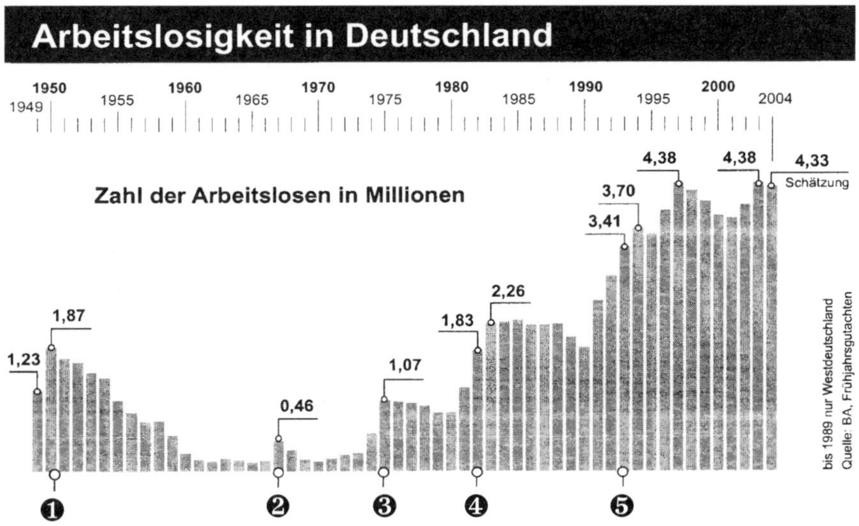

❶ ________________

❷ ________________

❸ ________________

❹ ________________

❺ ________________

⑥ Wann spricht man von Massenarbeitslosigkeit?

⑦ Wie hoch ist die Arbeitslosenzahl zur Zeit in Deutschland? Wer ist „verdeckt arbeitslos“?

O > 3 Mio. O > 3,5 Mio. O > 4 Mio. O > 4,5 Mio.

Lösung:

Vollbeschäftigung und Arbeitslosigkeit (1)

① Was verstehst du unter „Vollbeschäftigung"?

Volle Auslastung aller Betriebe und Arbeitssuchenden (Arbeitslosenzahl < 200 000)

② Was bedeuten die Begriffe „Konjunktur" und „Rezession"?

Konjunktur: Wirtschaftliche Gesamtlage mit bestimmten Entwicklungstendenzen

Rezession: Wirtschaftswachstum sinkt, Abschwung der Konjunktur

③ Ein Konjunkturzyklus durchläuft vier Phasen, die unterschiedlich lange dauern können. Bringe die Begriffe in die richtige Reihenfolge. Jeweils drei Begriffe passen zusammen!

Krise - Expansion - Boom - Tiefstand - steigende Produktion - Rezession - Aufschwung - mangelnder Absatz - Depression - Hochkonjunktur - Arbeitslosigkeit - Vollbeschäftigung

Expansion - Aufschwung - steigende Produktion ➪ Boom - Hochkonjunktur - Vollbeschäftigung ➪ Rezession - Krise - mangelnder Absatz ➪ Depression - Tiefstand - Arbeitslosigkeit

④ Es gibt fünf Arten der Arbeitslosigkeit. Finde diese Arten durch Zusammensetzen der Silben heraus und schreibe die gefundenen Begriffe zu den passenden Aussagen unten.

tech - tu - le - sai - le - ale - lo - kon - tu - struk - rel - frik - el - son - le - junk - no - sche - tion - el - gi

❶ **Strukturelle** A.: Sie umfasst bestimmte Wirtschaftszweige und ist schwer zu beseitigen.
❷ **Technologische** A.: Sie wird verursacht durch Rationalisierung und Automatisierung.
❸ **Konjunkturelle** A.: Sie tritt während eines wirtschaftlichen Abschwungs auf.
❹ **Saisonale** A.: Sie ist jahreszeitlich bedingt.
❺ **Friktionelle** A.: Sie tritt auf bei Arbeitssuche, wobei der alte Arbeitsplatz aufgegeben wurde.

⑤ Finde die Ursachen für die Anstiege in der Zahl der Arbeitslosen in der Grafik unten heraus!

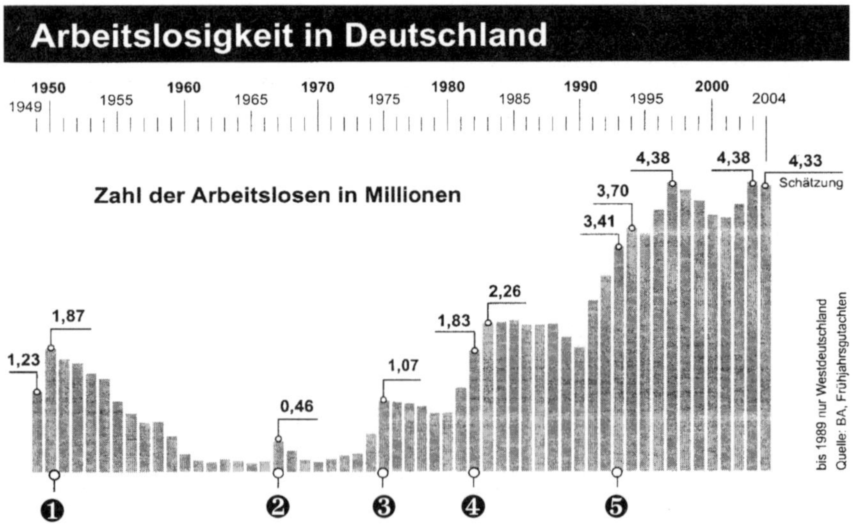

❶ **Vertriebenenzustrom, Nachkriegsarbeitslosigkeit**
❷ **Weltwirtschaftsflaute, ➪ „Konzertierte Aktion"**
❸ **Ölpreiskrise, Ölpreis steigt um mehr als 100%**
❹ **Weltwirtschaftsflaute, hohe Staatsverschuldung**
❺ **Struktur- und Kostenkrise, Zusammenbruch der Wirtschaft der ehem. DDR**

⑥ Wann spricht man von Massenarbeitslosigkeit?

Sie liegt dann vor, wenn die Zahl der Erwerbslosen über 4 Millionen liegt.

⑦ Wie hoch ist die Arbeitslosenzahl zur Zeit in Deutschland? Wer ist „verdeckt arbeitslos"?

O > 3 Mio. O > 3,5 Mio. ● > 4 Mio. O > 4,5 Mio.

Das sind nicht als arbeitslos gemeldete Personen, die trotzdem ohne Arbeit sind und sich keine Hoffnung mehr auf eine Arbeitsplatzvermittlung machen.

Arbeitslehre		

Vollbeschäftigung und Arbeitslosigkeit (2)

Beantworte folgende Fragen zur Grafik!

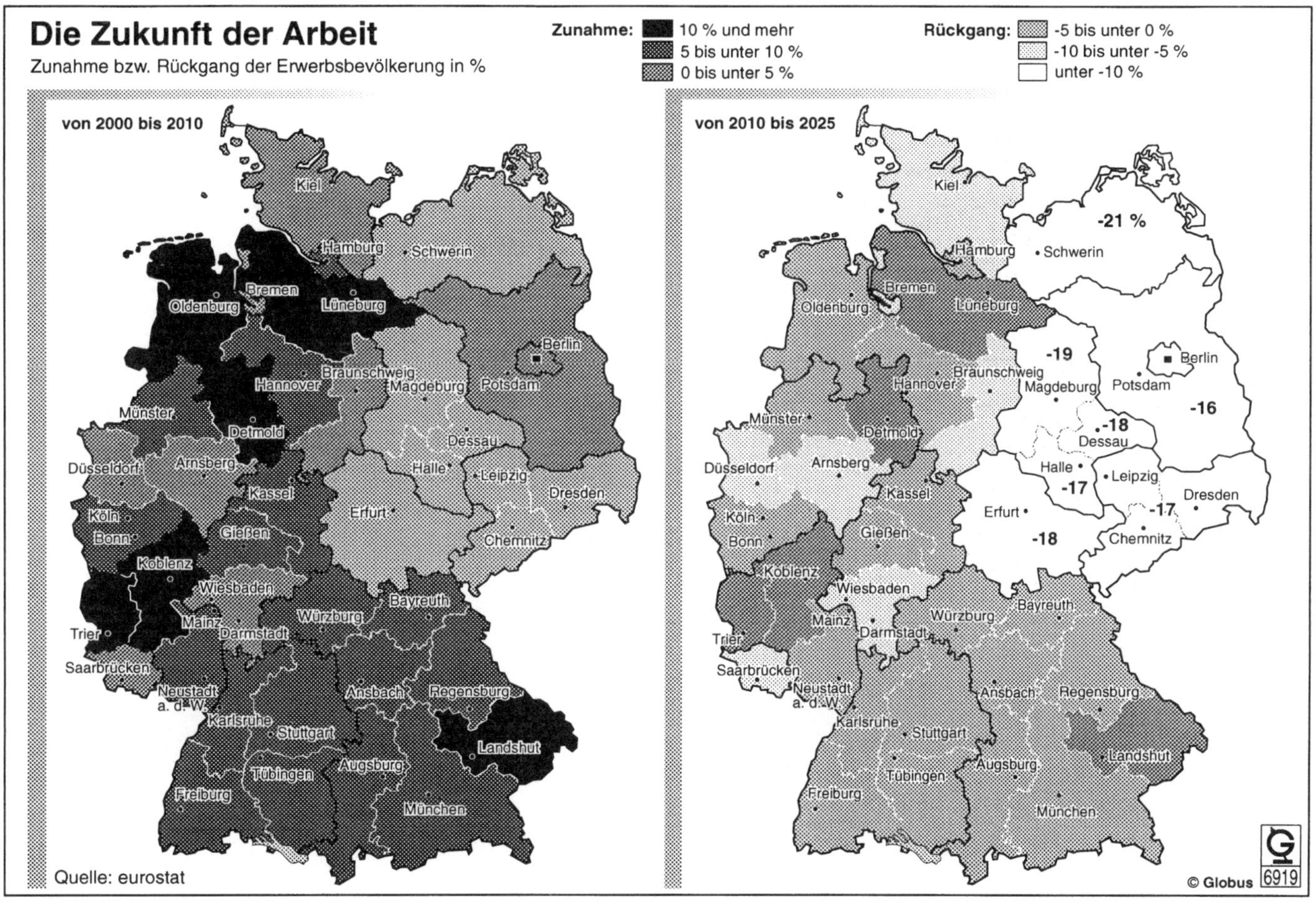

① Wie wird die Arbeitslosenquote berechnet?

___

___

② Was sind Erwerbspersonen?

___

③ Betrachte die Karte oben links. Welche Tendenz ist festzustellen?

___

___

④ In welchem Bundesland wird der Einbruch am stärksten sein? Warum gerade dort?

___

⑤ Was wird ab 2010 geschehen?

___

___

⑥ Worin liegen mögliche Ursachen?

___

___

Lösung:

Vollbeschäftigung und Arbeitslosigkeit (2)

Beantworte folgende Fragen zur Grafik!

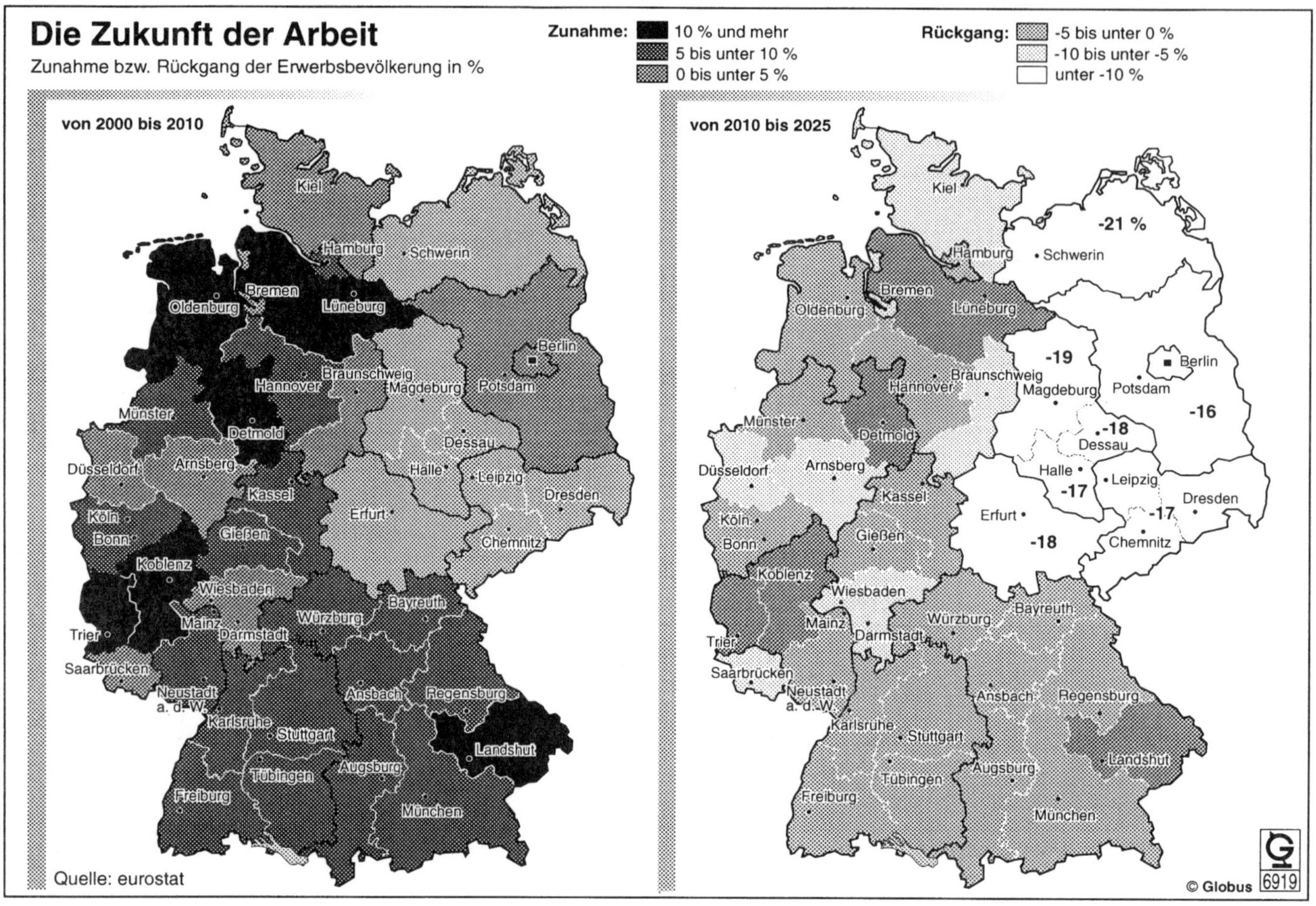

① Wie wird die Arbeitslosenquote berechnet?

Man dividiert die Zahl der Arbeitslosen durch die Zahl der abhängigen Erwerbspersonen (Beamte, Angestellte, Arbeiter, Arbeitslose) und multipliziert das Ergebnis mit 100.

② Was sind Erwerbspersonen?

Das sind alle Erwachsenen bis zum Rentenalter, die Arbeit haben oder suchen.

③ Betrachte die Karte oben links. Welche Tendenz ist festzustellen?

Zunahme der Erwerbspersonen im Westen Deutschlands, in Brandenburg und Berlin, Rückgang im übrigen Ostdeutschland

④ In welchem Bundesland wird der Einbruch am stärksten sein? Warum gerade dort?

Mecklenburg-Vorpommern; strukturschwaches Gebiet, wenig Industrie

⑤ Was wird ab 2010 geschehen?

Es wird auf dem Arbeitsmarkt in ganz Deutschland ein Einbruch erfolgen, aber besonders dramatisch in Ostdeutschland.

⑥ Worin liegen mögliche Ursachen?

Die ersten geburtenstarken Jahrgänge erreichen das Rentenalter, die Rationalisierung nimmt zu, es kommt zu einer Stagnation im Wirtschaftswachstum („Null-Wachstum“).

Arbeitslehre		

Wirtschaftspolitische Ziele

① Setze die Begriffe richtig geordnet in die vier Bereiche der Grafik unten ein!

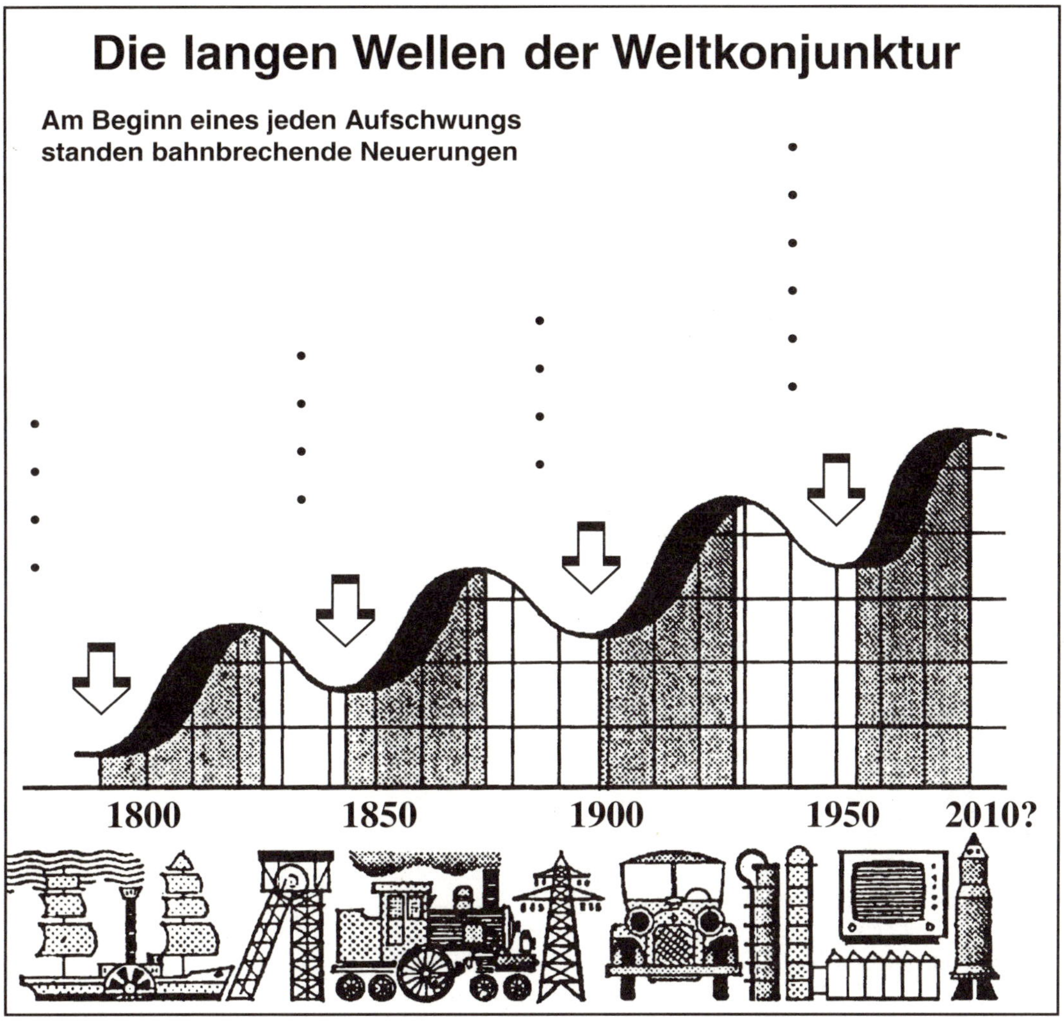

Chemie
Mech. Webstühle
Kernkraft
Aluminium
Fotografie
Kohletechnologie
Kunststoffe
Computer
Eisenbahn
Eisentechnologie
Zement
Elektronik
Auto
Raumfahrt
Dampfschiffe
Telegrafie
Fernsehen
Elektrifizierung

② Welche Probleme werden in der Weltkonjunktur auf uns zukommen?

____

____

③ Im so genannten Stabilitätsgesetz von 1967 sind die vier Ziele der Wirtschaftspolitik festgelegt worden. Beantworte folgende Fragen mit Hilfe der Grafik!

❶ Wie heißen diese vier Ziele?

____

____

❷ Warum spricht man von einem „magischen Viereck“?

____

____

❸ Wie sah die Bilanz im Jahr 2001 aus?

____

____

____

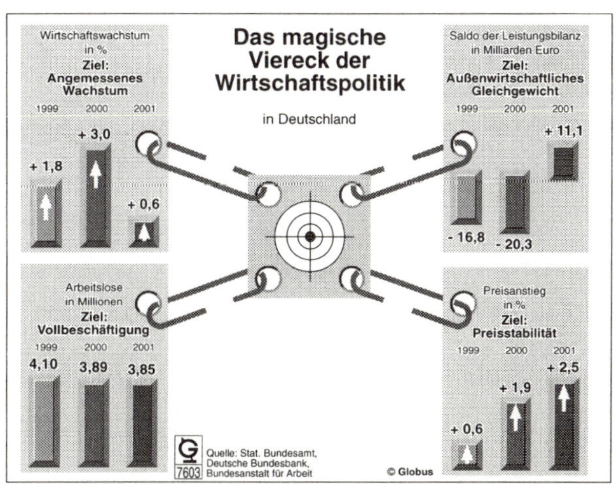

Lösung:

Wirtschaftspolitische Ziele

① Setze die Begriffe richtig geordnet in die vier Bereiche der Grafik unten ein!

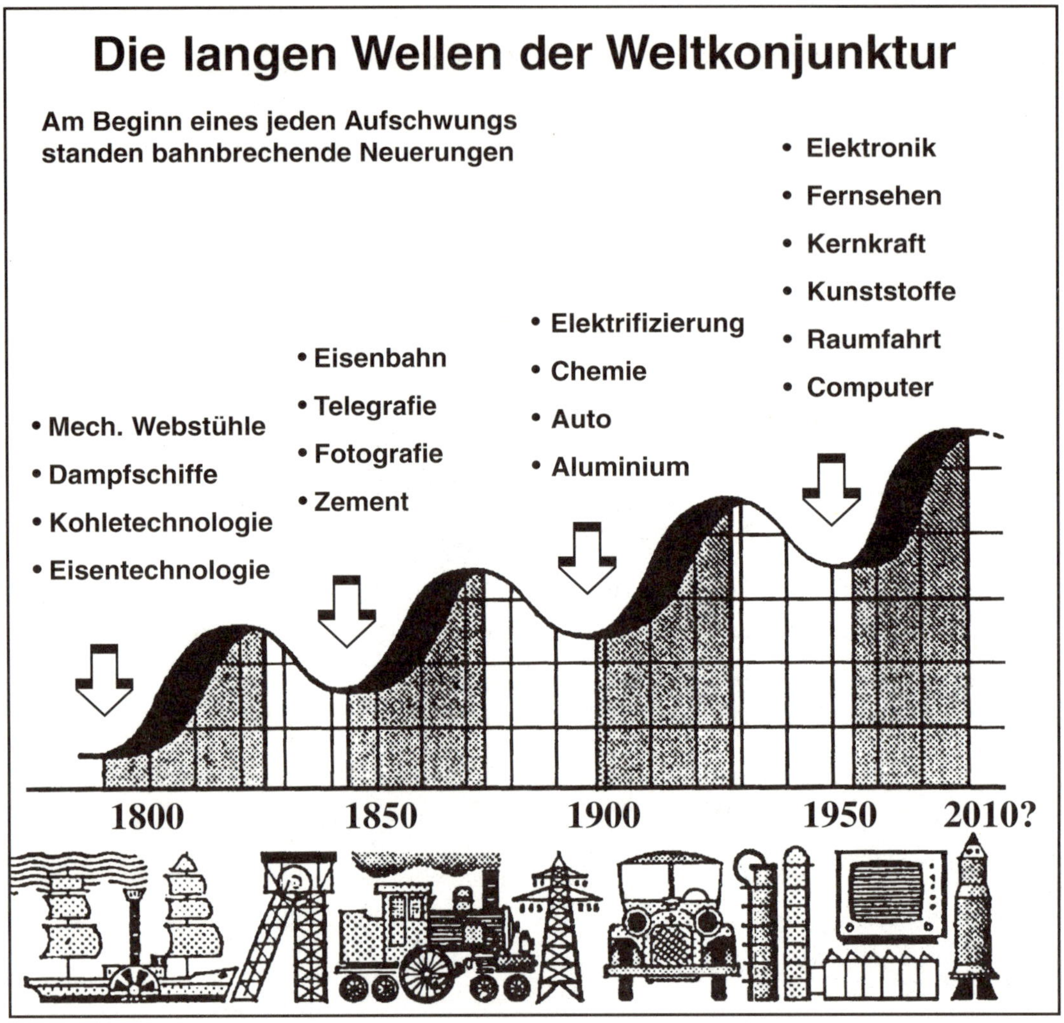

Chemie
Mech. Webstühle
Kernkraft
Aluminium
Fotografie
Kohletechnologie
Kunststoffe
Computer
Eisenbahn
Eisentechnologie
Zement
Elektronik
Auto
Raumfahrt
Dampfschiffe
Telegrafie
Fernsehen
Elektrifizierung

② Welche Probleme werden in der Weltkonjunktur auf uns zukommen?

Ende des Wachstums; Energieknappheit; Verbrauch der Ressourcen (Erdöl); Auftreten gewaltiger Umweltprobleme; Bevölkerungsexplosion; Massenarbeitslosigkeit

③ Im so genannten Stabilitätsgesetz von 1967 sind die vier Ziele der Wirtschaftspolitik festgelegt worden. Beantworte folgende Fragen mit Hilfe der Grafik!

❶ Wie heißen diese vier Ziele?

Angemessenes Wachstum, außenwirt. Gleichgewicht, Vollbeschäftigung, Preisstabilität

❷ Warum spricht man von einem „magischen Viereck"?

Es ist kaum möglich, alle vier Ziele gleichzeitig zu erreichen, dazu wäre Magie nötig.

❸ Wie sah die Bilanz im Jahr 2001 aus?

Drei Ziele wurden verfehlt: Wirtschaftswachstum nur 0,6%, Arbeitslosigkeit mit 4 Mio. viel zu hoch, keine Preisstabilität bei plus 2,5%

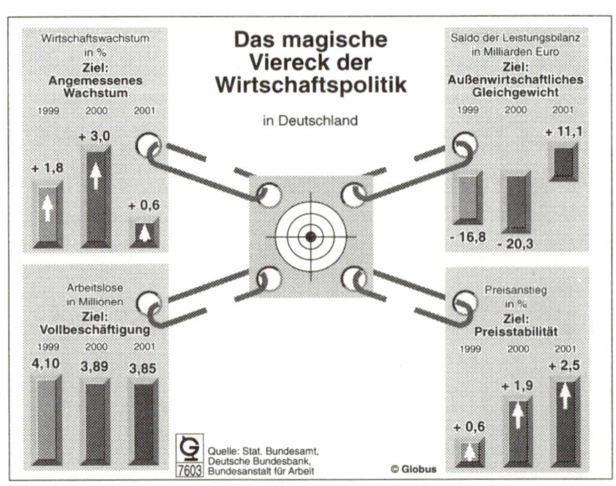

Arbeitslehre		

Wirtschaftswachstum und Umwelt

① Welche Auswirkungen kann das Wirtschaftswachstum auf die Umwelt haben?

- Mehrverbrauch an ______________________________
- Mehrbedarf an ______________________________
- Zunahme an ______________________________

② Setze die Begriffe unten richtig in die Grafik ein!

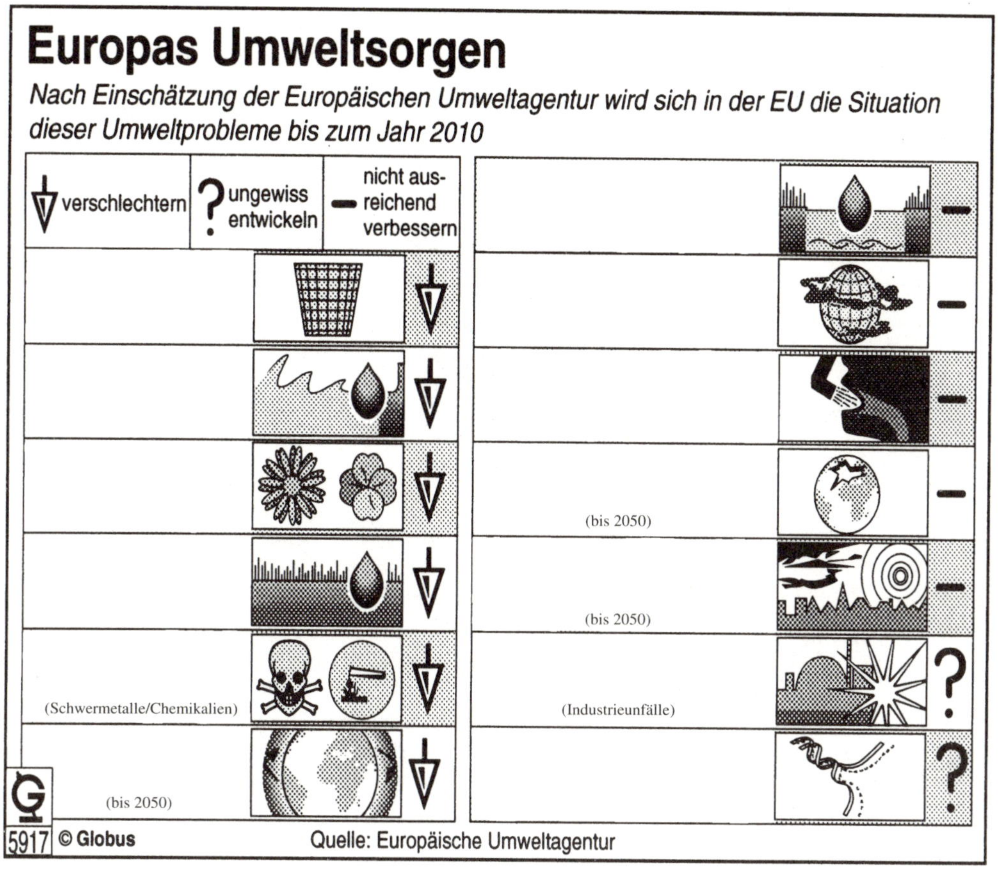

- Ozonabbau
- Biologische Vielfalt
- Genetisch veränderte Organismen
- Schadstoffe/Lärm in Städten
- Abfall
- Bodenbelastung
- Technologische Gefahren
- Umweltbedingte Gesundheitsprobleme
- Gefährliche Stoffe
- Belastung von Küste und Meer
- Treibhausgase, Klimaveränderung
- Grenzüberschreitende Luftverschmutzung
- Gewässerbelastung

③ Nenne einige Folgen für die Umwelt!

____

____

④ Finde aus den Bildern unten die Umweltproblematik heraus!

____

⑤ Wo siehst du Lösungsmöglichkeiten in Bezug auf Wirtschaftswachstum und Umwelt?

____

____

Lösung:

Wirtschaftswachstum und Umwelt

① Welche Auswirkungen kann das Wirtschaftswachstum auf die Umwelt haben?

- Mehrverbrauch an **Rohstoffen und Energie**
- Mehrbedarf an **Boden durch Straßen, Häuser, Industrieflächen u.A.**
- Zunahme an **Abfall, Abwässer, Abgasen, Kühlwässer, Emissionen, Lärm**

② Setze die Begriffe unten richtig in die Grafik ein!

- Ozonabbau
- Biologische Vielfalt
- Genetisch veränderte Organismen
- Schadstoffe/Lärm in Städten
- Abfall
- Bodenbelastung
- Technologische Gefahren
- Umweltbedingte Gesundheitsprobleme
- Gefährliche Stoffe
- Belastung von Küste und Meer
- Treibhausgase, Klimaveränderung
- Grenzüberschreitende Luftverschmutzung
- Gewässerbelastung

③ Nenne einige Folgen für die Umwelt!

Verlust von Bodenfläche, Waldsterben, Verdichtung und Versiegelung des Bodens, Luftverschmutzung, Treibhauseffekt, Ozonloch, Wasserverschmutzung, Krankheiten

④ Finde aus den Bildern unten die Umweltproblematik heraus!

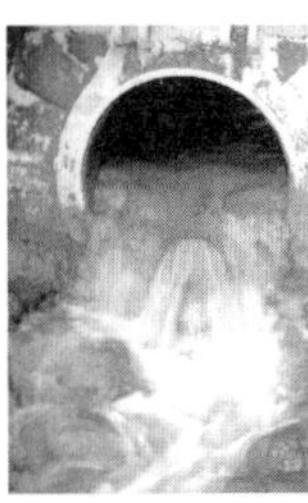

Wasser-, Luftverschmutzung, Waldsterben, Ölkatastrophen, Mülllawine, Radioaktivität

⑤ Wo siehst du Lösungsmöglichkeiten in Bezug auf Wirtschaftswachstum und Umwelt?

Sparmaßnahmen (vor allem Energie), konsequentes Recycling, Bau von Kläranlagen und Filtern, konsequente Kontrolle, drastische Strafmaßnahmen bei Verstößen u. A.

Arbeitslehre		

Lernzielkontrolle:

Merkmale und Problemfelder der sozialen Marktwirtschaft (1)

1. Welche der folgenden Aussagen gehören zu den Merkmalen der sozialen Marktwirtschaft? (6)
   - O Der Staat greift überhaupt nicht ein („Nachtwächterstaat").
   - O Jeder Bürger im Staat ist sozial abgesichert.
   - O Auszubildende erhalten finanzielle Hilfen des Staates.
   - O Jeder Bürger hat das Recht auf Arbeit.
   - O Jedem Bürger wird ein Arbeitsplatz garantiert.
   - O In der sozialen Marktwirtschaft ist die Bildung von Monopolen erlaubt.

2. Wer war der Begründer der Sozialversicherungen? Welche Position bekleidete dieser Staatsmann? (2)

___

3. Zähle die fünf Sozialversicherungen mit Entstehungsjahr auf! Wie hoch sind bei jeder Versicherung Arbeitgeber- und Arbeitnehmeranteil? (15)

❶ ___ ___ ___
❷ ___ ___ ___
❸ ___ ___ ___
❹ ___ ___ ___
❺ ___ ___ ___

4. Zähle sechs Leistungen einer Sozialversicherung deiner Wahl auf! (6)

___

___

5. Wie unterscheiden sich Arbeitslosengeld und Arbeitslosenhilfe? (6)

___

___

___

6. Renten werden in einigen Jahren für den Staat zu einem riesigen Problem. Warum? (3)

___

___

7. Beantworte zur Grafik unten folgende Fragen!

❶ Was hat die Grafik zum Inhalt? (2)

___

❷ Was bedeutet die letzte Zahl beim Jahr 2003? Beurteile diese Zahl! (2)

___

___

❸ Wie kommt diese Zahl zustande? Gründe? (4)

___

___

___

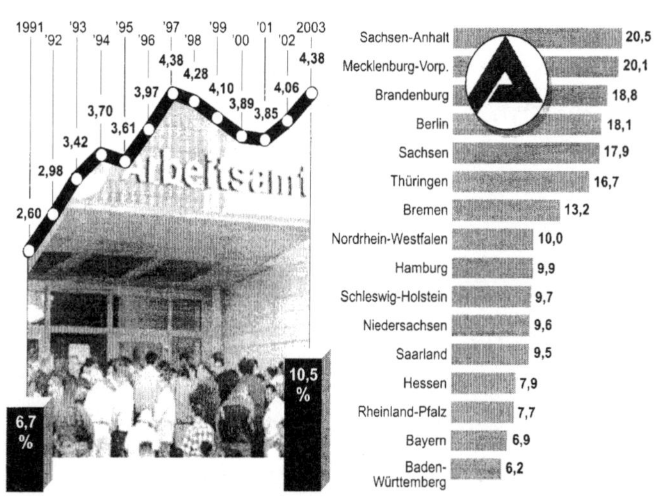

Lösung:

Lernzielkontrolle:
Merkmale und Problemfelder der sozialen Marktwirtschaft (1)

1. Welche der folgenden Aussagen gehören zu den Merkmalen der sozialen Marktwirtschaft? (6)
   - O Der Staat greift überhaupt nicht ein („Nachtwächterstaat").
   - ● Jeder Bürger im Staat ist sozial abgesichert.
   - ● Auszubildende erhalten finanzielle Hilfen des Staates.
   - ● Jeder Bürger hat das Recht auf Arbeit.
   - O Jedem Bürger wird ein Arbeitsplatz garantiert.
   - O In der sozialen Marktwirtschaft ist die Bildung von Monopolen erlaubt.

2. Wer war der Begründer der Sozialversicherungen? Welche Position bekleidete dieser Staatsmann? (2)

Reichskanzler Otto von Bismarck (1815-1898)

3. Zähle die fünf Sozialversicherungen mit Entstehungsjahr auf! Wie hoch sind bei jeder Versicherung Arbeitgeber- und Arbeitnehmeranteil? (15)

❶	**Krankenversicherung**	**1883**	**50% AG / 50% AN**
❷	**Unfallversicherung**	**1884**	**100% AG**
❸	**Rentenversicherung**	**1889**	**50% AG / 50% AN**
❹	**Arbeitslosenversicherung**	**1927**	**50% AG/50% AN**
❺	**Pflegeversicherung**	**1995**	**50% AG/50% AN**

4. Zähle sechs Leistungen einer Sozialversicherung deiner Wahl auf! (6)

Krankenversicherung: Krankenhauspflege, ärztliche und zahnärztliche Leistungen, Zahnersatz, Arzneien, Mutterschaftshilfe, Heil- u. Hilfsmittel, Krankengeld, Sterbegeld

5. Wie unterscheiden sich Arbeitslosengeld und Arbeitslosenhilfe? (6)

Arbeitslosengeld: zur Zeit 60% vom Nettolohn; abhängig vom Alter und von der Dauer der Versicherungspflicht; Arbeitslosenhilfe: zur Zeit 53% ohne Kind, 57% mit mindestens einem Kind; zeitlich nicht begrenzt (nach Bedürftigkeitsprüfung)

6. Renten werden in einigen Jahren für den Staat zu einem riesigen Problem. Warum? (3)

„Rentenberg" : Immer weniger Erwerbspersonen müssen immer mehr Rentner tragen. Der Sozialstaat steht an der Grenze seiner Belastbarkeit.

7. Beantworte zur Grafik unten folgende Fragen!

❶ Was hat die Grafik zum Inhalt? (2)

Arbeitsmarktlage (Arbeitslosigkeit)

❷ Was bedeutet die letzte Zahl beim Jahr 2003? Beurteile diese Zahl! (2)

2003 waren 4,38 Mio. Arbeitslose gemeldet, eine enorm hohe Zahl.

❸ Wie kommt diese Zahl zustande? Gründe? (3)

Schwer vermittelbare und ältere Personen (über 55 Jahre); Langzeitarbeitslose; Kranke/Behinderte; Minderqualifizierte

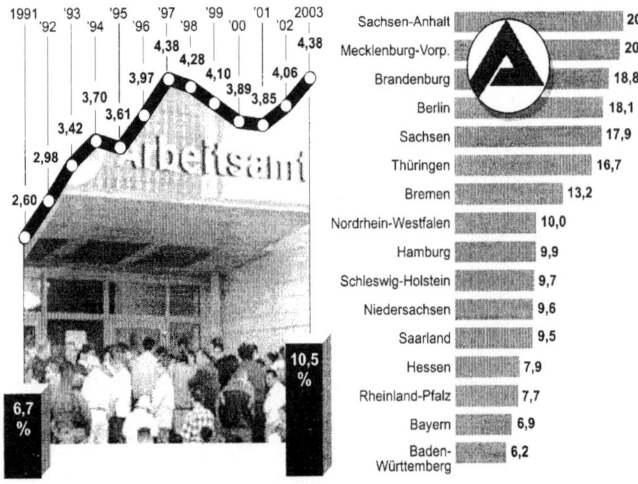

Arbeitslehre		

Lernzielkontrolle:

Merkmale und Problemfelder der sozialen Marktwirtschaft (2)

8. Wie heißen die fünf Arten von Arbeitslosigkeit? (5)

9. Wähle zwei Arten der Arbeitslosigkeit aus und beschreibe sie genauer! (4)

10. Welche drei Grundformen der Entlohnung kennst du? (3)

11. Was wird vom Bruttolohn alles abgezogen? (4)

12. Wovon hängt die Höhe der Lohnabzüge ab? Kreuze richtig an! (3)

O Höhe des Lohnes	O Beschäftigungsdauer	O Lebensalter
O Kinderzahl	O Entfernung vom Arbeitsplatz	O Familienstand
O Konjunkturlage	O Religionszugehörigkeit	O Steuerklasse

13. Zeichne den erweiterten Wirtschaftskreislauf! (11+11)

14. Was bedeutet der Begriff „Deflation“? (2)

O Geldschrumpfung   O stabiles Geldlage   O Geldaufblähung

15. Zähle drei Ursachen einer Inflation auf! (3)

16. Welche Folgen kann eine Inflation haben? Zähle drei Folgen auf! (3)

Gesamtpunkte: 95

Lösung:

Lernzielkontrolle:

Merkmale und Problemfelder der sozialen Marktwirtschaft (2)

8. Wie heißen die fünf Arten von Arbeitslosigkeit? (5)

Friktionelle, strukturelle, konjunkturelle, saisonale und technologische Arbeitslosigkeit

9. Wähle zwei Arten der Arbeitslosigkeit aus und beschreibe sie genauer! (4)

Die saisonale Arbeitslosigkeit ist jahreszeitlich bedingt (Bau, Fremdenverkehr).

Die konjunkturelle Arbeitslosigkeit tritt bei Konjunkturabschwung auf.

10. Welche drei Grundformen der Entlohnung kennst du? (3)

Zeitlohn, Akkordlohn und Prämienlohn

11. Was wird vom Bruttolohn alles abgezogen? (4)

Lohnsteuer, Solidaritätszuschlag, Kirchensteuer, Sozialversicherungen

12. Wovon hängt die Höhe der Lohnabzüge ab? Kreuze richtig an! (3)

● Höhe des Lohnes　O Beschäftigungsdauer　O Lebensalter
O Kinderzahl　O Entfernung vom Arbeitsplatz　● Familienstand
O Konjunkturlage　O Religionszugehörigkeit　● Steuerklasse

13. Zeichne den erweiterten Wirtschaftskreislauf! (11+11)

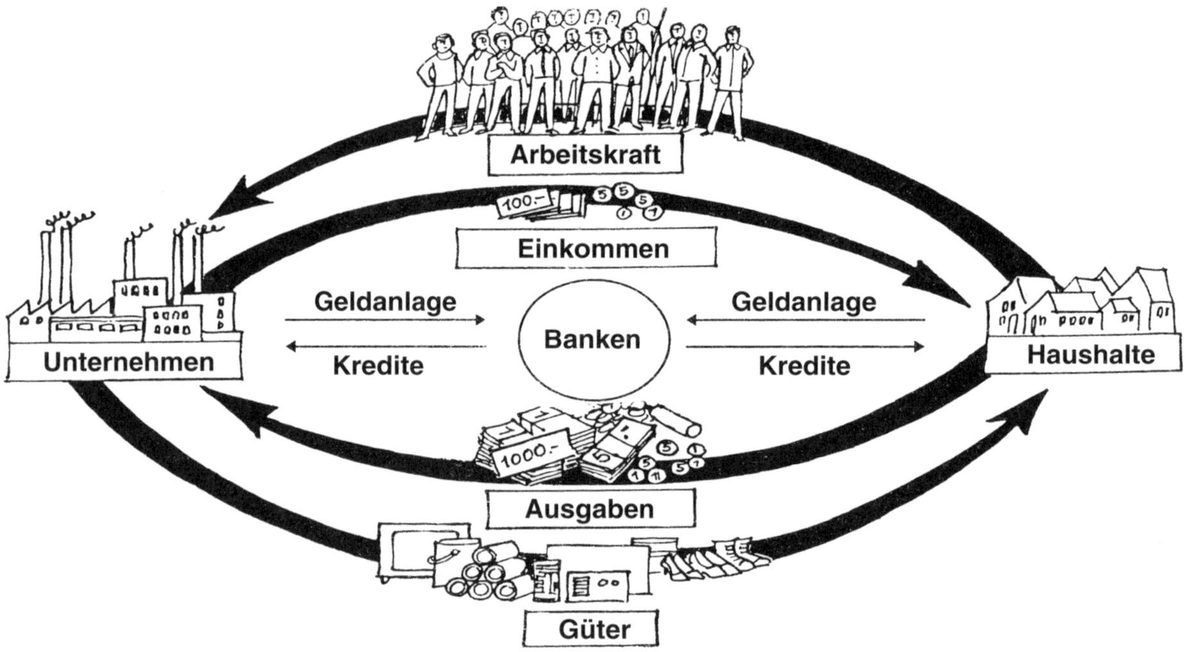

14. Was bedeutet der Begriff „Deflation“? (2)

● Geldschrumpfung　O stabiles Geldlage　O Geldaufblähung

15. Zähle drei Ursachen einer Inflation auf! (3)

Überhöhte Nachfrage nach Gütern, überzogene Lohnpolitik, allgemeine Kostensteigerungen

16. Welche Folgen kann eine Inflation haben? Zähle drei Folgen auf! (3)

Preissteigerungen mit Kaufkraftschwund und Geldentwertung, Flucht in Sachwerte, erhöhte Produktion wegen der starken Nachfrage

Gesamtpunkte: 95

Besondere Leistungsfeststellung Arbeitslehre

Name: ______________________________ Datum: ____________________

1. Was ist ein Berufsfeld? (2)

____

____

2. Gib bei den folgenden Ausbildungsberufen die jeweiligen Tätigkeitsmerkmale an! (5)
   - Bankkaufmann ______________________
   - Industriemechaniker ______________________
   - Konditor ______________________
   - Chemielaborant ______________________
   - Bauzeichnerin ______________________
3. Gib bei folgenden Ausbildungsberufen die jeweiligen Berufsfelder an! (5)
   - Pharmazeut.-techn. Assistentin ______________________
   - Druckformenhersteller ______________________
   - Raumausstatter ______________________
   - Kommunikationselektroniker ______________________
   - Bekleidungsnäherin ______________________
4. Was versteht man unter „Schlüsselqualifikationen"? (3)

____

____

____

5. Nenne acht Schlüsselqualifikationen! (8)

____

____

____

____

6. Was bedeutet „lokale Mobilität"? Ist sie für die Berufsfindung wichtig oder nicht? Begründe! (3)

____

____

____

7. Nenne vier Pflichten des Ausbildenden! Beschreibe eine davon näher! (6)

____

____

____

____

Lösung:

Besondere Leistungsfeststellung Arbeitslehre

Name: ______________________________ Datum: ____________________

1. Was ist ein Berufsfeld? (2)

Ein Berufsfeld fasst verwandte Berufe, die auf einer gemeinsamen Grundbildung aufbauen.

2. Gib bei den folgenden Ausbildungsberufen die jeweiligen Tätigkeitsmerkmale an! (5)

- Bankkaufmann — **Wirtschaften**
- Industriemechaniker — **Zusammenbauen, montieren**
- Konditor — **Material verarbeiten**
- Chemielaborant — **Untersuchen und messen**
- Bauzeichnerin — **Zeichnen und reproduzieren**

3. Gib bei folgenden Ausbildungsberufen die jeweiligen Berufsfelder an! (5)

- Pharmazeut.-techn. Assistentin — **Gesundheit und Pflege (Körperpflege)**
- Druckformenhersteller — **Papier und Druck (Drucktechnik)**
- Raumausstatter — **Farbtechnik und Gestaltung**
- Kommunikationselektroniker — **Elektrotechnik**
- Bekleidungsnäherin — **Textiltechnik und Bekleidung**

4. Was versteht man unter „Schlüsselqualifikationen“? (3)

Schlüsselqualifikationen sind Fähigkeiten, die benötigt werden, um in einem Betrieb problemorientiert, zielgerichtet, verantwortungsbewusst, selbständig oder im Team arbeiten zu können.

5. Nenne acht Schlüsselqualifikationen! (8)

Planen und organisieren, selbständig arbeiten, zielgerichtet handeln, mit Kritik umgehen können, sich auf neue Situationen einstellen können, mit anderen zusammenarbeiten, Ergebnisse beurteilen können, Eigeninitiative zeigen (logisch denken, Verantwortung übernehmen, sich besprechen, andere informieren, Probleme erkennen)

6. Was bedeutet „lokale Mobilität“? Ist sie für die Berufsfindung wichtig oder nicht? Begründe! (3)

Es bedeutet die Bereitschaft zum Wechsel des Wohnortes bzw. zum Zurücklegen weiterer Wegstrecken zur Ausübung des Berufes. Sie ist sehr wichtig, denn Berufe werden heute oft nicht mehr „vor der Haustüre“ angeboten, man muss „mobil“ sein.

7. Nenne vier Pflichten des Ausbildenden! Beschreibe eine davon näher! (6)

Erreichen des Ausbildungszieles, kostenloses Aushändigen der Ausbildungsordnung und der Ausbildungsmittel, Sorgepflicht, Achten auf ausbildungsbezogene Tätigkeiten. Berichtsheft, Ausbildungsordnung, Berufskleidung und Werkzeuge sollten dem Auszubildenden kostenlos zur Verfügung gestellt werden.

8. Nenne vier Pflichten des Auszubildenden! Beschreibe eine davon näher! (6)

9. Stelle die Geschichte des Geldes in sechs Begriffen zeitlich geordnet dar! (6)

10. Finde anhand der vier Beispiele unten die vier Aufgaben des Geldes heraus! (4)

- Das Sparbuch weist einen Betrag von 535 € auf. ______
- Mein Vater schenkte mir neulich 10 €. ______
- Liane kauft sich eine CD für 19,50 €. ______
- Der Wert des Hauses beträgt 250000 €. ______

11. Bei der Wahl einer Sparform kommt es immer auf bestimmte Punkte an! (5)

12. Für alle Spar- und Anlageformen gilt dasselbe! (2)

Je höher die Gewinnmöglichkeit, desto ______.

13. Nenne jeweils ein Beispiel für die Verwendung eines (5)

- Girokontos ______
- Dauerauftrags ______
- Lastschriftverfahrens ______
- Sparbuchs ______
- Überweisungauftrages ______

14. Nenne jeweils zwei Vorteile und Gefahren von Kreditkarten! (4)

15. Was tust du, wenn du deine Scheckkarte verlierst? (2)

16. Ergänze den erweiterten Wirtschaftskreislauf! (11)

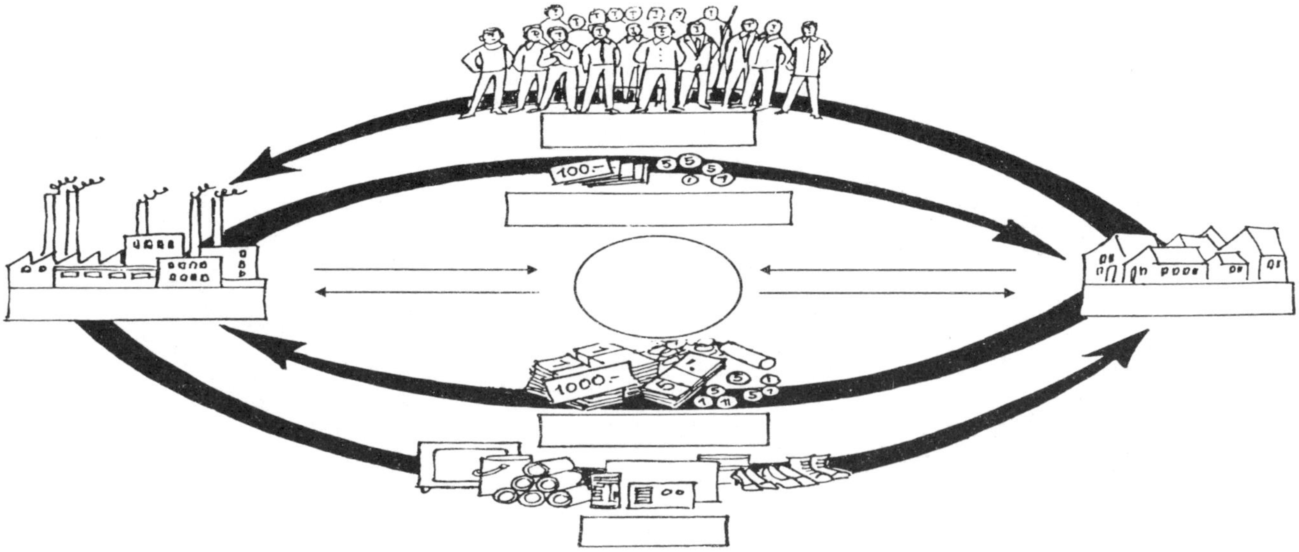

8. Nenne vier Pflichten des Auszubildenden. Beschreibe eine davon näher! (6)

Lernpflicht, Beachten der Weisungen des Ausbilders, Beachten der betrieblichen Ordnung, Bewahrung von Betriebsgeheimnissen (pflegliche Behandlung von Maschinen und Werkzeugen, Führung des Berichtshefts, Benachrichtung bei Fernbleiben, ärztliche Untersuchungen). Es besteht die Teilnahmepflicht am Berufsschulunterricht.

9. Stelle die Geschichte des Geldes in sechs Begriffen zeitlich geordnet dar! (6)

Naturaltausch, Naturalgeld (Warengeld), Metallgeld, Münzgeld (Prägegeld), Bargeld (Papiergeld), Buchgeld (Giralgeld)

10. Finde anhand der vier Beispiele unten die vier Aufgaben des Geldes heraus! (4)

- Das Sparbuch weist einen Betrag von 535 € auf. **Wertaufbewahrungsmittel, Sparmittel**
- Mein Vater schenkte mir neulich 10 €. **Wertübertragungsmittel**
- Liane kauft sich eine CD für 19,50 €. **Tauschmittel, allg. Zahlungsmittel**
- Der Wert des Hauses beträgt 250000 €. **Wertmesser, Vergleichseinheit**

11. Bei der Wahl einer Sparform kommt es immer auf bestimmte Punkte an! (5)

Rendite, Verfügbarkeit, Anlagedauer, Sicherheit, Schnelligkeit der Abwicklung

12. Für alle Spar- und Anlageformen gilt dasselbe! (2)

Je höher die Gewinnmöglichkeit, desto **höher das Risiko**.

13. Nenne jeweils ein Beispiel für die Verwendung eines (5)

- Girokontos **Abwickeln des bargeldlosen Zahlungsverkehrs**
- Dauerauftrags **Monatliche Miete (gleichbleibender Betrag)**
- Lastschriftverfahrens **Gebühren für Telefon (unterschiedlich hoher Betrag)**
- Sparbuchs **Einzahlung von 100 € (Sparen kleinerer Geldbeträge)**
- Überweisungauftrages **Bezahlen einer Kfz-Rechnung in Höhe von 120,75 €**

14. Nenne jeweils zwei Vorteile und Gefahren von Kreditkarten! (4)

Jederzeit sofort zahlungsfähig, Erhöhung der Kreditwürdigkeit, ziemlich diebstahlsicher; Gefahr des unüberlegten Kaufens (Überschuldung); Kreditkartenkosten

15. Was tust du, wenn du deine Scheckkarte verlierst? (2)

Das Girokonto bei der Bank sofort sperren lassen (per Telefonat)

16. Ergänze den erweiterten Wirtschaftskreislauf! (11)

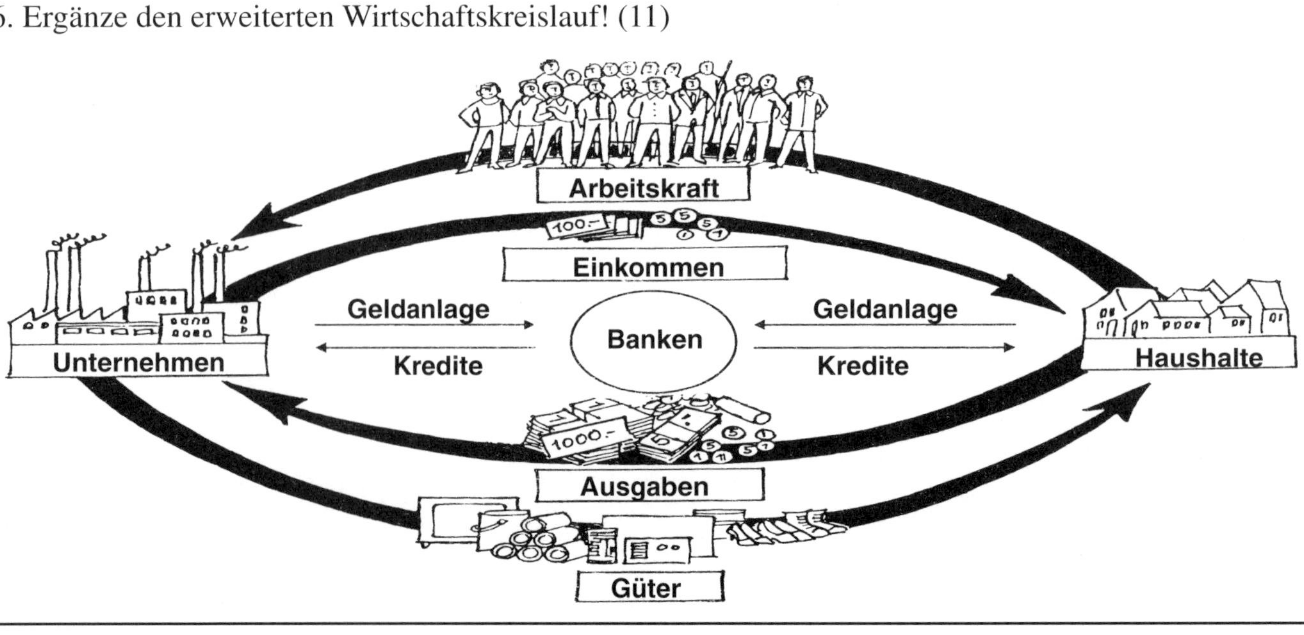

17. Fülle den Überweisungsauftrag aus! Entnimm die notwendigen Informationen der Rechnung! (11)

Überweisungsauftrag an **722 901 00**

Raiffeisen-Volksbank Donauwörth eG
86609 Donauwörth

Empfänger: Name, Vorname/Firma (max. 27 Stellen)

Konto-Nr. des Empfängers

Bankleitzahl

Achtung: Deutlich schreiben!
Beleg wird maschinell gelesen.

bei (Kreditinstitut)

* Bitte immer ausfüllen! ▶ DM od. EUR* | Betrag

Kunden-Referenznummer - noch Verwendungszweck, ggf. Name und Anschrift des Auftraggebers - (nur für Empfänger)

noch Verwendungszweck (insgesamt max. 2 Zeilen à 27 Stellen)

Kontoinhaber: Name, Vorname/Firma, Ort (max. 27 Stellen, keine Straßen- oder Postfachangaben)

Konto-Nr. des Kontoinhabers

20

Schreibmaschine: normale Schreibweise!
Handschrift: Blockschrift in GROSSBUCHSTABEN, und dabei Kästchen beachten!

Wegen maschineller Lesung Namenszug NICHT über Balken hinausziehen!

Datum Unterschrift

jpc-schallplatten, Postfach 13 29, 49111 Georgsmarienhütte

Karl-Hans Seyler
Hindenburgstr.5

86609 Donauwörth

jpc

05 /013
S 0/000

schallplatten Versandhandelsgesellschaft mbH

Bitte bei Zahlung immer angeben

Rechnungs-Nr.	Kunden-Nr.	Tag	Pak
061	47	22.02.2002	1

Rechnung 2578 P
Seite 1

Anzahl	Bestell-Nr.	Artikelbezeichnung	St.	Einzelpreis EUR	Gesamtpreis
* 1	1402551	Chopin,Fr Sämtliche	1	15,49	15,49
* 1	4345169	Godowsky, Klavierson	1	13,99	13,99
* 1	4418128	Bravo Hits 36	1	19,99	19,99

DEM 96,76

darin enthaltene Mehrwertsteuer 16,00 6,83 7,00 0,00 3 **Gesamtbetrag EUR** 49,47

Zahlbar sofort ohne Abzug. Die gelieferte Ware bleibt bis zur vollständigen Bezahlung Eigentum des Lieferanten.
Amtsgericht Bad Iburg HRB 2798. Geschäftsführer: Gerhard Georg Ortmann, Johannes Stuckenberg

Hausanschrift	Postanschrift	Telefon	Telefax	Postbank Hannover	Banken in Osnabrück
Lübecker Straße 9	Postfach 13 29	(0 54 01)	(0 54 01)	(BLZ 250 100 30)	Sparkasse (BLZ 265 501 05) 17582
49124 Georgsmarienhütte	49111 Georgsmarienhütte	85 12 22	85 12 33	125 15-300	Deutsche Bank AG (BLZ 265 700 90) 0176

17. Fülle den Überweisungsauftrag aus! Entnimm die notwendigen Informationen der Rechnung! (11)

Überweisungsauftrag an 722 901 00

Raiffeisen-Volksbank Donauwörth eG
86609 Donauwörth

Empfänger: Name, Vorname/Firma (max. 27 Stellen)
JPC-Schallplatten

Konto-Nr. des Empfängers
17582

Achtung: Deutlich schreiben! Beleg wird maschinell gelesen.

Bankleitzahl
26550105

bei (Kreditinstitut)
Sparkasse Osnabrück

* Bitte immer ausfüllen! ▶ DM od. EUR*
EUR

Betrag
49,97

Kunden-Referenznummer - noch Verwendungszweck, ggf. Name und Anschrift des Auftraggebers - (nur für Empfänger)
Rechn. Nr. 061 vom 22.02.02

noch Verwendungszweck (insgesamt max. 2 Zeilen à 27 Stellen)

Kontoinhaber: Name, Vorname/Firma, Ort (max. 27 Stellen, keine Straßen- oder Postfachangaben)
Karl-Hans Seyler

Konto-Nr. des Kontoinhabers
32178453

20

Schreibmaschine: normale Schreibweise!
Handschrift: Blockschrift in GROSSBUCHSTABEN, und dabei Kästchen beachten!

Wegen maschineller Lesung Namenszug NICHT über Balken hinausziehen!

24.03.02
Datum

Unterschrift

---

jpc-schallplatten, Postfach 13 29, 49111 Georgsmarienhütte

Karl-Hans Seyler
Hindenburgstr.5

86609 Donauwörth

jpc
schallplatten Versandhandelsgesellschaft mbH

05 /013
S 0/000

Bitte bei Zahlung immer angeben

Rechnungs-Nr.	Kunden-Nr.	Tag	Pak
061	47	22.02.2002	1

Rechnung

2578 P
Seite 1

Anzahl	Bestell-Nr.	Artikelbezeichnung	St.	Einzelpreis EUR	Gesamtpreis
* 1	1402551	Chopin,Fr Sämtliche	1	15,49	15,49
* 1	4345169	Godowsky, Klavierson	1	13,99	13,99
* 1	4418128	Bravo Hits 36	1	19,99	19,99

DEM 96,76

darin enthaltene Mehrwertsteuer 16,00 6,83 7,00 0,00 3 **Gesamtbetrag EUR** 49,47

Zahlbar sofort ohne Abzug. Die gelieferte Ware bleibt bis zur vollständigen Bezahlung Eigentum des Lieferanten.
Amtsgericht Bad Iburg HRB 2798. Geschäftsführer: Gerhard Georg Ortmann, Johannes Stuckenberg

Hausanschrift	Postanschrift	Telefon	Telefax	Postbank Hannover	Banken in Osnabrück
Lübecker Straße 9	Postfach 13 29	(0 54 01)	(0 54 01)	(BLZ 250 100 30)	Sparkasse (BLZ 265 501 05) 17582
49124 Georgsmarienhütte	49111 Georgsmarienhütte	85 12 22	85 12 33	125 15-300	Deutsche Bank AG (BLZ 265 700 90) 0176

18. Was alles wird vom Bruttolohn abgezogen? (7)

19. Welche fünf Arten der Arbeitslosigkeit kennst du? Erkläre eine Art genauer! (7)

20. Wie heißen die fünf Sozialversicherungen? Gründungsjahr? Anteile Arbeitgeber/Arbeitnehmer? (15)

21. Nenne die vier Ziele der sozialen Marktwirtschaft! (4)

22. Welche Möglichkeit hat der Kunde, sich über Qualitäts- und Preisunterschiede zu informieren? (4)

23. Welche Gesichtspunkte solltest du beim Kauf eines teuren Artikels beachten? (4)

24. Wie heißen die vier Ziele des „Magischen Vierecks“? (4)

25. Warum lassen sich Wirtschaftswachstum und Umweltschutz oft nicht vereinbaren? (4)

26. Beantworte folgende Fragen zum Schaubild rechts!
- Welche Tendenz im Gesamtenergieverbrauch ist festzustellen? (2)
- Worin liegen hierfür mögliche Gründe? (2)
- Welche Möglichkeiten hast du, Energie zu sparen? (3)
- Welcher Energieanteil wird drastisch sinken? Warum? (3)
- Was sind „erneuerbare Energien“? Gib drei Beispiele! (3)

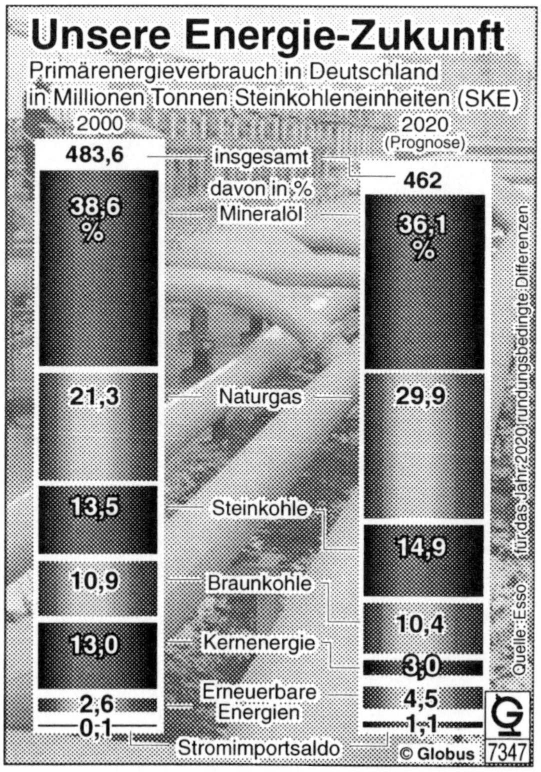

Gesamtpunkte: 150

18. Was alles wird vom Bruttolohn abgezogen? (7)

Lohn-, Kirchensteuer; Kranken-, Renten-, Arbeitslosen-, Pflegevers.; Solidaritätszuschlag

19. Welche fünf Arten der Arbeitslosigkeit kennst du? Erkläre eine Art genauer! (7)

Friktionelle, saisonale, konjunkturelle, strukturelle und technologische Arbeitslosigkeit Saisonale Arbeitslosigkeit tritt jahreszeitlich bedingt auf (Baustopp im Winter)

20. Wie heißen die fünf Sozialversicherungen? Gründungsjahr? Anteile Arbeitgeber/Arbeitnehmer? (15)

Krankenversicherung - 1883 - AG + AN je 50%; Rentenversicherung - 1889 - AG + AN je 50%; Arbeitslosenversicherung - 1927 - AG + AN je 50%; Pflegeversicherung - 1995 - AG + AN je 50%; Unfallversicherung - 1884 - AG 100%

21. Nenne die vier Ziele der sozialen Marktwirtschaft! (4)

Materieller Wohlstand, soziale Sicherheit, leistungs- und konkurrenzfähige Wirtschaft, möglichst viele Freiheitsrechte für Arbeitgeber und Arbeitnehmer

22. Welche Möglichkeit hat der Kunde, sich über Qualitäts- und Preisunterschiede zu informieren? (4)

Beratung im Fachhandel, Anschauen von Testinformationen im Fernsehen, Lesen von Fachzeitschriften, Informationen via Internet („Stiftung Warentest" etc.)

23. Welche Gesichtspunkte solltest du beim Kauf eines teuren Artikels beachten? (4)

Ist der Artikel überhaupt notwendig? Preis- und Qualitätsvergleich, Wartungs- und Serviceleistungen, Garantiezeit, Marke

24. Wie heißen die vier Ziele des „Magischen Vierecks"? (4)

Vollbeschäftigung, angemessenes Wirtschaftswachstum, Preisstabilität, außenwirtschaftliches Gleichgewicht

25. Warum lassen sich Wirtschaftswachstum und Umweltschutz oft nicht vereinbaren? (4)

Wirtschaftswachstum ist eng mit dem „Verbrauch" von Natur (Luft, Wasser, Boden) und ihrer Ressourcen verbunden. Mehr Güter bedeuten mehr Energieaufwand, mehr Müll, mehr Umweltbelastung.

26. Beantworte folgende Fragen zum Schaubild rechts!

- Welche Tendenz im Gesamtenergieverbrauch ist festzustellen? (2)

Der Energieverbrauch geht etwas zurück.

- Worin liegen hierfür mögliche Gründe? (2)

Energie wird vermehrt gespart aus finanziellen Erwägungen; mehr Einsatz von Dämmmaterial

- Welche Möglichkeiten hast du, Energie zu sparen? (3)

weniger heizen, umweltbewusst einkaufen (Verpackungen), weniger autofahren

- Welcher Energieanteil wird drastisch sinken? Warum? (3)

Kernenergie; schrittweises Stilllegen der deutschen Kernkraftwerke durch den Energiekonsensvertrag

- Was sind „erneuerbare Energien"? Gib drei Beispiele! (3)

Sonnen-, Windenergie, Wasserkraft

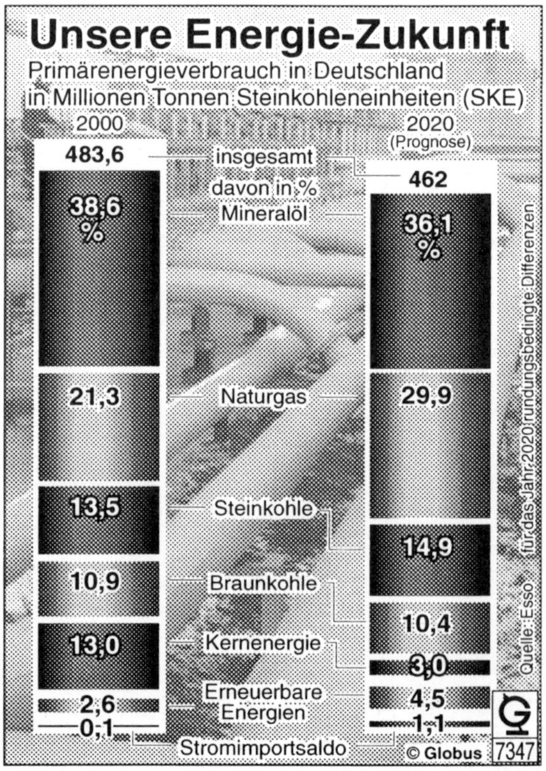

Gesamtpunkte: 150

Inhaltsübersicht:

I. Die Gliederung der Bundesrepublik Deutschland
Die Länder der Bundesrepublik Deutschland
Bundesländer-Puzzle
Kennt ihr die Bundesländer im Osten Deutschlands?
Quiz: Kennt ihr die Bundesländer im Osten Deutschlands?
Ist Deutschland ein Bundesstaat oder ein Einheitsstaat?
Die Bundesrepublik Deutschland ist in Länder gegliedert
Jedes Bundesland hat eine Verfassung
Die Länder der Bundesrepublik Deutschland (1)
Die Länder der Bundesrepublik Deutschland (2)
Wie wird die Bundesrepublik regiert?
Wie sind die Aufgaben zwischen Bund und Ländern verteilt?
Welche Aufgaben haben Bund und Länder?
Interessenkonflikte zwischen Bund und Ländern
Wie teilen sich Bund und Länder die Steuergelder?
Wie ist der Bundesrat zusammengesetzt?
Die Vertretung der Länder in Bundestag und Bundesrat
Lernzielkontrollen: Bund und Länder
II. Die Bedeutung des Mehrparteiensystems für die Demokratie
Was ist eine politische Partei?
Gliederung und Ziel von Parteien
Politische Parteien - Sprachrohr des Volkes (Alle Parteien sind für alles?)
Partei-Programme
Parteien-Steckbriefe: CDU, SPD, Bündnis 90/Die Grünen, F.D.P.
Parteien im Parlament - ein Portrait
Lernzielkontrollen: Politische Parteien - Sprachrohr des Volkes
Konkurrenz belebt das Geschäft: das Mehr-Parteien-System
Aufgaben und Rechte eines Bundestagsabgeordneten
Das ABC der Politik
Das Spannungsverhältnis von Regierung und Opposition im Parlament
Im Bundestag wird nicht nur debattiert
Drei Grundpfeiler der parlamentarischen Arbeit
Welche Wege zum Machtwechsel gibt es in der Demokratie?
Die Regierung der Bundesrepublik Deutschland
III. Durch Wahlen wird Herrschaft auf Zeit übertragen
„Alle Staatsgewalt geht vom Volke aus" - was heißt das?
Wie funktioniert unser Staatswesen?
Gewaltenteilung im demokratischen Staat
Puzzle: Die Verfassungsorgane der Bundesrepublik
Welche Grundsätze gelten für eine demokratische Wahl?
Wahlrecht bedeutet Wahlpflicht
Was wir über Wahlen wissen müssen!
Bundestagswahl - kennst du dich aus?
Wie wird gewählt?
Mehrheitswahl = Persönlichkeitswahl
Verhältniswahl = Listenwahl
Das kleine Einmaleins der Bundestagswahl
Bundestagswahl 2002
Die Wahl des Bundestags
Wie wird der deutsche Bundestag gewählt?
Wahl und Aufgaben des Bundespräsidenten
Lernzielkontrolle: Wahlen
Prüfe dein Wissen: Bundesrepublik Deutschland
Politik-Quiz: Dies und das

Stand 2005

Demokratie in der BRD
Nr. 550 *112 Seiten* € 18,50

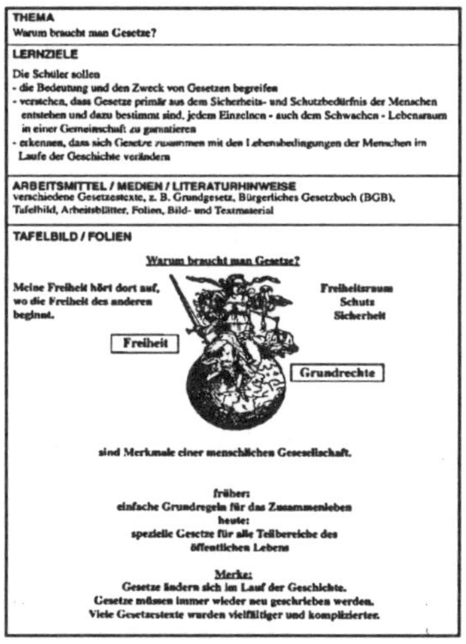

Inhaltsübersicht:

I. Für menschenwürdiges Zusammenleben sind Regelungen notwendig
1. Warum wird ein Kaufvertrag abgeschlossen?
2. Warum braucht man Gesetze?
3. Warum gibt es ein Jugendschutzgesetz?
4. Quiz: Jugendschutz, na klar!
5. Sind alle Menschen vor dem Gesetz gleich? oder: Blutprobe, Herr Bürgermeister!
Lernzielkontrolle
II. Die Bedeutung von Grundrechten im demokratischen Staat
1. Die Menschenrechte als Grundlage für ein Leben in Freiheit
2. Wie lassen sich Menschenrechte verwirklichen?
3. Welche Bedeutung haben die Grundrechte für mich?
4. Welche Bedeutung haben Grundrechte für die Demokratie?
5. Verletzung der Menschenwürde - was ist das?
6. Was Christen unter Menschenwürde verstehen!
7. Menschenrechte haben eine lange Geschichte
Lernzielkontrolle
III. Einschränkungen von Grundrechten sind nur durch Gesetze zulässig
1. Können Grundrechte eingeschränkt werden?
2. Gelten die Grundrechte auch für Strafgefangene?
IV. Grundsätze unserer Rechtsordnung
1. Warum läuft Jörg von Zuhause weg?
2. Warum gibt es unterschiedliche Strafen für junge Leute?
3. Wie arbeiten Jugendgerichte?
4. Wie läuft das Hauptverfahren in einem Strafprozess ab?
5. Welche Folgen haben Gerichtsurteile?
6. Was ist ein Rechtsstaat?
7. Grundsätze unserer Rechtsordnung
Lernzielkontrolle

Rechte und Gesetze
Nr. 554 *144 Seiten* € 20,50

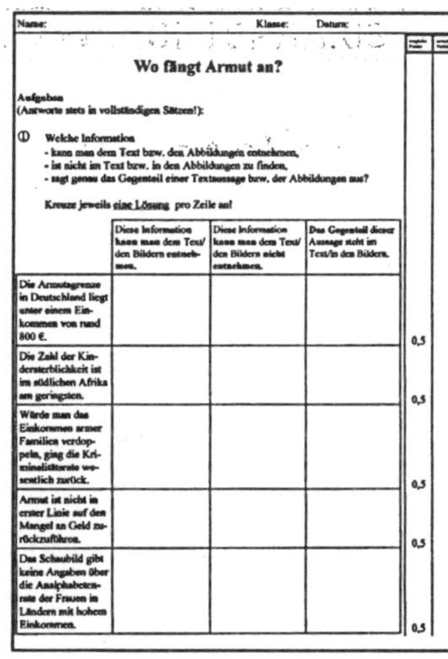

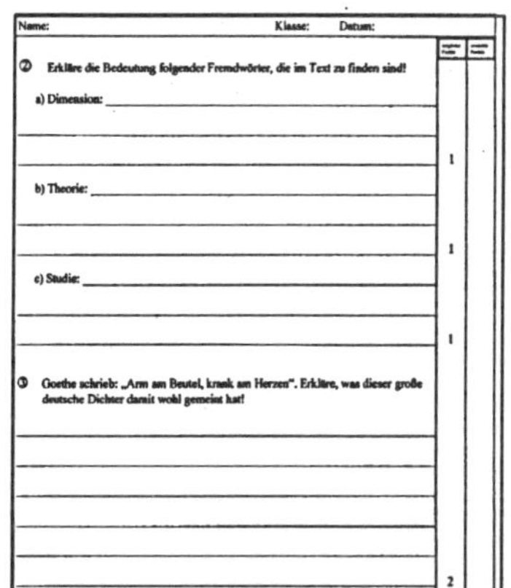

Textknacker 7.-9.
Nr. 526 *102 Seiten* € 17,50

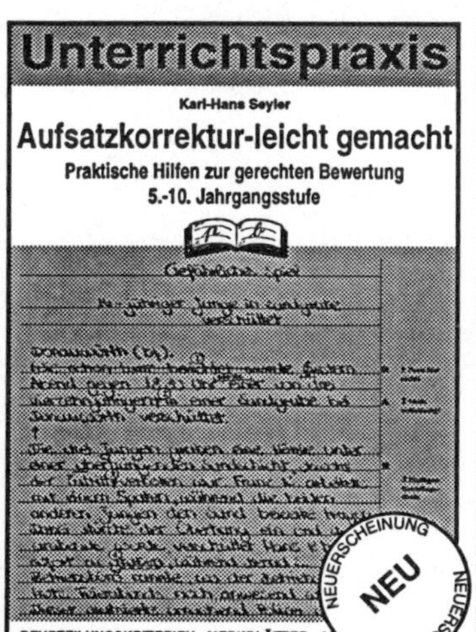

Inhaltsübersicht:

Vorwort
Inhaltsverzeichnis
Wichtige Korrekturzeichen (Vorschlag)

Merkblatt, Bewertungsblatt und ausgewählte Schüleraufsätze für
- Nacherzählung (Jg. 5./6.)
- Erlebniserzählung (Jg. 5./6.)
- Bildergeschichte (Jg. 5./6.)
- Bericht (Jg. 6./7.)
- Gegenstands- und Vorgangsbeschreibung (Jg. 7./8.)
- Bildbeschreibung (7./8.)
- Inhaltsangabe (Jg. 7.-10.)
- Protokoll (Jg. 7.-10.)
- Lebenslauf und Bewerbungsschreiben (Jg. 8.-10.)
- Argumentation/Stellungsnahme (8.-10.)
- Erörterung (Jg. 9.10.)
- Analyse von literarischen Texten (Jg. 9.-10.)
- Analyse von Sachtexten (Jg. 9.-10.)

Mit Hilfe dieses Buches werden Sie
❶ zügiger korrigieren
❷ gerechter bewerten
❸ Transparenz schaffen
❹ Ihren Schülern individuelle Hilfen geben können
❺ die Aufsatzleistung Ihrer Schüler verbessern
❻ in kürzester Zeit über die wichtigen Aufsatzarten informiert sein

In jeder Sequenz werden folgende Materialien angeboten:

❶ Das Merkblatt zur passenden Aufsatzart mit Lösungsblatt
Es ist nach der Erarbeitung in der Klasse für die Hand des Schülers bestimmt.

❷ Das Bewertungsblatt zur passenden Aufsatzart
Dieses ist in einem inhaltlichen und einen sprachlichen Teil untergliedert. Beide Bereiche sind gleich gewichtet. Die maximal zu vergebenden Punkte stehen in Klammern hinter den einzelnen Bewertungskriterien. Die tatsächlich erreichten Punkte tragen Sie rechts am Rand auf die Striche ein. Eine Bewertungsskala ist immer dabei. Sie finden diese auf dem Bewertungsblatt ganz unten. Auch dieses Blatt ist für die Hand des Schülers bestimmt und liegt nach Ihrer Bearbeitung dem korrigierten Aufsatz bei.

❸ Ein korrigierter Schüleraufsatz (Aufsatz 1)
Die Korrekturzeichen am Rand sind auf ein Minimum reduziert und können von Ihnen selbst nach Belieben modifiziert werden.

Betrachten Sie die Korrekturzeichen auf der Seite 4 nur als Vorschlag. Interpunktionsfehler (!) habe ich in den korrigierten Aufsätzen nicht am Rand vermerkt.

❹ Ein nicht korrigierter Schüleraufsatz (Aufsatz 2)
Sie können diesen Aufsatz entweder selbst oder zusammen mit Ihrer Klasse korrigieren. Schüler motiviert es außerordentlich, einen Aufsatz „Ihrem Niveau" verbessern zu dürfen.

❺ Ein ausgefülltes Bewertungsblatt
Das zu obigem Aufsatz ausgefüllte Bewertungsblatt ist nur ein Vorschlag.

❻ Der korrigierte Schüleraufsatz (Aufsatz 2)
Er dient nur zur Ihrer Kontrolle.

Aufsatzkorrektur - leicht gemacht
Nr. 523 *144 Seiten* €20,50

Deutsch

Stundenbilder

362 **7. Schuljahr** *160 S.* ✍ 20,90
363 **8. Schuljahr,** *160 S.* ✍ 19,90
401 **9. Schuljahr,** *148 S.* ✍ 19,90

Deutsch integrativ

942 **7. Schuljahr** *118 S* ✍ 18,50
943 **8. Schuljahr** *150 S.* ✍ 20,90
944 **9. Schuljahr** *1 60 S.* ✍ 21,50

Rechtschreiben

487 **Rechtschreiben 7.-10.,** *96 S.* ✍ 16,90
543 **Mein Rechtschreib-Regelheft Schülerheft,** *48 S. DIN A 4* ✍ 9,90
Im Klassensatz nur 6,90

Nachschriften/Diktate UP
mit abwechslungsreichen Übungen zu den einzelnen Nachschriften, Arbeitsblättern zur Überprüfung des Lernerfolges und weiteren Arbeitsmaterialien. Die Texte greifen Themen aus den Sachfächern auf.

906 **7./8. Schuljahr,** *96 S.* ✍ 16,90
907 **9./10. Schuljahr,** *96 S.* ✍ 16,90

Sprachlehre

434 **Sprachlehre 7.-10.** *136 S.* ✍ 19,90
483 **Sprachlehre KP 7./8.** *96 S.* ✍ 16,90
486 **Sprachlehre KP 9./10.** *128 S.* ✍ 18,90
988 **Sprach-Spiel-Spaß 7.-9.** *66 S.* ✍ 14,50

Aufsatzerziehung

864 **7./8. Schuljahr** ✍ 21,50
mit Stundenbildern, 160 S.
865 **9./10. Schuljahr** ✍ 21,50
mit Stundenbildern, 160 S.
911 **Kreatives Schreiben 7.-10.** ✍ 16,90
Techniken, Tipps, Schülerbeisp. 96 S.
976 **Aufsatz - mal anders 7.-10.** ✍ 15,90
80 S.
482 **Aufsatz 7./8.** ✍ 15,90
Kopierheft, 80 Seiten

485 **Aufsatz 9./10.** ✍ 16,90
Kopierheft, 96 Seiten

Begleithefte zu aktueller Jugendliteratur

914 **Jugendbücher 9./10.** *106 S.* ✍ 15,90

Gedichte

427 **7.-9. Schuljahr** 17,90
122 Seiten, 17 Gedichte z.B. von Kästner, Rilke, BrittingTucholsky, Fontane, Bachmann, Eichendorff...
510 **10. Schuljahr** ✍ 15,90
92 Seiten, 16 Gedichte z.B. von Goethe, Hölderlin, Benn, Brecht, Celan, Hesse, Heym, Huchel, Kästner, George...

Literatur/Lesen

570 **Kurzgeschichte Band I** ✍ 18,50
Texte v. Borchert, Böll, Lenz, Gaiser, Dürrenmatt, Langgässer...
120 S., 15 StB, 20 AB, 13 FV
826 **Kurzgeschichte Band II** ✍ 18,50
Texte v. Eich, Schnurre, Bender, Andres, Borchert, Böll..., 124 S.
571 **Erzählung,** *104 S.* ✍ 17,50
572 **Fabel/Parabel/Anekdote** ✍ 21,50
160 S., 22 StB, 23 AB, 23 FV
573 **Märchen/Sage/Legende,** *176 S.* ✍ 21,90
574 **Satire/Glosse.../Schwank** ✍ 16,90
96 S., 13 StB, 14AB, 14 FV
577 **Novelle** ✍ 20,90
152 S., 5 Novellen von G. Keller, J. Gotthelf, G. Hauptmann, A. v. Droste-Hülshoff, E.T.A. Hoffmann
578 **Roman** ✍ 21,50
172 S., Abenteuer-Roman, Jugend-Roman, Zukunfts-Roman, Kriminal-Roman, Entwicklungs-Roman, Gesellschafts-Roman
579 **Lyrik** ✍ 19,90
136 S., 18 Gedichte von Mörike, Hesse, Brecht, Fontane, Goethe, Schiller, Kaschnitz, Jandl...
580 **Texte aus den Massenmedien** ✍ 20,50
144 S., Kommentar, Nachrichten, Reportage, Bericht, Werbung - aus Zeitungen, Magazinen, TV, Rundfunk
581 **Triviale Texte** ✍ 19,90
Merkmale, Figuren, Handlungsschemata und Wirkung von Groschenheften, Western, Krimis, Arzt- und Heimatromanen, Comics im Vergleich mit literarischen Texten, 136 S.
538 **Gründlicher lesen-besser verstehen mehr behalten,** *78 S.* ✍ 14,90
999 **Liebe-und jeder meint was anderes 25 Geschichten zum Lesen und Diskutieren**
54 S. ✍ 12,50

Mathematik

Stundenbilder

340 **7. Schuljahr,** *160 S.* € ✍ 21,50
Dezimalbrüche, Prozentrechnung, Terme/Gleichungen, Größen, Proportionalität
341 **8. Schuljahr,** *164 Seiten* € ✍ 21,50
Taschenrechner, Prozentrechnung, Zinsrechnung, Gleichungslehre...
342 **9. Schuljahr,** *158 Seiten* € ✍ 21,50
Geschwindigkeitsaufgaben, Verhältnisrechnung, Gleichungen,...

Geometrie

343 **7. Schuljahr** *134 S.* € ✍ 18,90
Dreiecke, Vierecke, Gerade Prismen,
344 **8. Schuljahr,** *144 Seiten* € ✍ 19,90
Vielecke, Kreis, gerade Körper
345 **9. Schuljahr,** *138 Seiten* € ✍ 19,90
Konstruktionen, Pythagoras, gerade und spitze Körper, zusammengesetzte KörperÜbungen und Rechenspiele

Lernzielkontrollen

Proben in Mathematik und Geometrie

328 **7./8. Schuljahr,** *86 S.* € ✍ 15,90
986 **9. Schuljahr,** *77 S.* € ✍ 15,50

Mathe-Kartei 7.-10. Schuljahr

Übungsaufgaben mit Lösungen zur Lernzielkontrolle, Wiederholung, Partner- u. Freiarbeit

854 **Zuordnungen/Einführung** S 6,90
897 **Zuordnungen/weiterf. Aufgaben** S 6,90
855 **Größen/Rationale Zahlen** S 6,90
856 **Prozentrechnen/weiterf. Aufgaben** S 6,90
899 **Bruchrechnen** S 6,90
915 **Regelmäßige Vierecke** S 6,90

Konzentration/Denksport

Geistreiche und vergnügliche Denkspiele, nicht nur für den Mathematikunterricht

873 **Gripsfit 7.-10. Schulj.,** *78 S.* ✍ 15,90

Religion

Unterrichtspraxis Kath. Religion

918 **Religion UP 7.,** *144 S.* ✍ 20,50
623 **Foliensatz zu Religion 7.** S 9,90
919 **Religion UP 8.** *130 S.* ✍ 19,50
618 **Religion UP 9./10.,** *144 S.* ✍ 20,50

Ethik

UP nach Themenkreisen

614 **In sozialer Verantwortung leben und lernen** *110 S.* ✍ 17,90
615 **Weltreligionen unter religiösen und sozialethischen Gesichtspunkten** *120 S.* ✍ 18,50
616 **Nach ethischen Maßstäben entscheiden und handeln** *88 S.* ✍ 16,50
617 **Ethische Grundfragen in der Literatur** *102 S.* ✍ 17,50

Erdkunde

Stundenbilder

331 **Asien und Afrika** ✍ 21,50
160 S., 19 StB, 30 AB, 18 FV
333 **Amerika** ✍ 21,50
Topographie,...160 S.
330 **Entwicklungsländer** ✍ 19,90
138 S.
332 **Naturkatastrophen** ✍ 20,50
144 S.
870 **Russland/GUS** ✍ 15,90
661 **Folien zu Russland/GUS** 21,50
9 Farbfolien, 36 Schwarzweißfolien

Geschichte

Stundenbilder

312 **Neuzeit bis Ende 18. Jahrhundert**
176 S. ✍ 21,90
831 **19. Jahrhundert u. Imperialismus**
112 S. ✍ 18,50
832 **I. Weltkrieg u. Weimarer Republik**
128 S. ✍ 19,50